1500件の片づけをした遺品整理の専門家が教える

親が死んだとき後悔する人、しない人の実家の片づけ

遺品整理の専門家
内藤 久
Hisashi Naito

経済界

はじめに　「親の家の片づけ」の問題は「量」だけではありません

親の家を片づける。

高齢の親のいる子どもの、いつか必ず直面する問題です。

親が70代なら、子どもは40代でしょうか。

80代の親を持つ子なら、50代に入っているかもしれません。

本書は、親が高齢となった子どもたちが、親の家の片づけを考え始めたときに、ぜひ読んでいただきたい本です。


親の家の片づけは、親が亡くなったとき、「遺品整理」という形だけで持ち上がる問題ではありません。

足元のおぼつかなくなった親が、ケガなどしないように、片づける。

物忘れがひどくなった独り住まいの親を、近くに呼び寄せ、空き家となった家を片づける。

親が老人ホームに入ったので、空き家を売却するために片づける。
……さまざまなケースがあります。

いずれの場合にも、片づけを始めようとした皆さんが、一様に驚き、悩むのは、親の持ち物の量の多さです。

長年住んだ家には、親が使った、また溜め込んだ品々がいっぱいです。

私たち整理業のもとに相談に見える方のほとんどが、

「量がこれほど多いとは……」

「どこから手を付けていいのか、分かりません」

当惑した声を上げます。

しかし、片づけにまつわる問題が、「量」だけにとどまるものであるなら、それは作業時間、作業人員を増加させるだけで済むことです。

私は、実は親の家の片づけは、量の問題は些細なことで、ほかにもっと大きな問題があることを実感しています。

それは、量のように目に見えるものではなく、質的な面、気持ちの問題です。

転倒事故を防ぐために片づけるにせよ、老人ホームに入ったために片づけるにせよ、あるいは亡くなった後に片づけるにせよ、「ひとつのキーワード」が片づけに関わる子どもの幸・不幸を決定づけてしまうのです。

そのキーワードとは、

「親と子どものコミュニケーション」

です。

親と良好なコミュニケーションのあった子どもは、幸福な片づけを経験し、自分もまた、老いたころにわが子と良好なコミュニケーションをつないで、わが子に幸福な片づけをさせるでしょう。

しかし、ほとんどの親と子どもはコミュニケーションを円滑にできず、「不幸な片づけ」に終わるのです。

私は遺品整理では、子どもは3つの心理を経験すると感じています。

ひとつは、量の多さを見ての「大変だ」という戸惑い。

2つ目は、さまざまな遺品に接しての、親を改めて慕《した》う気持ち。胸が詰《つ》まって、整理がストップしてしまう例もまれではありません。

重要なのは3つ目です。

3つ目は、遺品のほとんどを、結局は、処分してしまわなくてはならない罪悪感。もっとも大事なものを、処分してしまったかもしれないという後悔。

この心理のうち3つ目の心理、罪悪感や後悔を抱く子どもは、残念ながら、親と良好なコミュニケーションを紡《つむ》いで来なかったのです。

なぜなら、生前に、親の考えや気持ちに触れることなく、遺品整理の現場を迎えてしまったからです。しかし、そういう心理を経験する方がほとんどなのです。

「幸福な片づけ」とは、親と子どもが共同で行う、共同作業の整理です。親が元気なときに、片づけを通して親と子どもが向き合い、子どもは親の人生を追体験しながら、親の品々のぬくもりを確かめるのです。

本書では、「不幸な片づけ」をしないために、すなわち「幸福な片づけ」をするために、親と子はどのように接したらよいのか。

子どもはどのように、親にアプローチしたらよく、親はまた終活で、いかに自らを処したらよいのか。

これらを中心に展開し、さらに1500件以上の遺品整理の現場に立ち合ってきた経験からの「整理の極意」について紹介しています。

親が元気なときに行う幸福な片づけ＝生前整理は、親子の絆を再確認する作業となり、人生をより豊かにするために、たいへん重要なものとなります。

ぜひとも、チャレンジしてみてほしいと願っています。

2015年2月吉日

遺品整理の埼玉中央　代表　内藤　久

親が死んだとき後悔する人、しない人の実家の片づけ◆目次

第2章 親の家を「片づける前」に知らないと後悔すること

第3章 「エンディングノート」と「終活」が親も、あなたも、苦しめる

第4章 1500件の片づけをした専門家が教える「内藤式片づけ術」

第5章 遺品整理のプロが答える「片づけ&遺品整理」Q&A

装丁◎岡孝治
本文デザインDTP◎ムーブ（新田由起子）
編集協力◎エディット・セブン

第1章

9割の人たちが、不幸な「親の家の片づけ」をしている

親の家の片づけは、突然、必ずやってくる

「ほう、平均寿命が80歳を超えたのか」

職業柄、「寿命」という言葉に敏感な私は、思わずつぶやきました。2014年夏のことです。

日本人男性の平均寿命が初めて80歳を超え、世界4位の80・21歳になったと新聞が伝えていたのです（厚生労働省「簡易生命表」）。女性も過去最高の86・61歳で、2年連続の世界トップです。

記事によると、平均寿命が延びたのは、各年齢でがんや心疾患、脳血管疾患、肺炎の死亡状況が改善したためとのことです。

医学が進み、環境が改善されて、寿命が延びることはめでたい話ですが、一方で社会全体の高齢化はますます進んでいます。

『平成26年度　高齢社会白書』によれば、平成25年10月、総人口に占める65歳以上人口の割合（高齢化率）は25・1％。**4人に1人が高齢者というわけです。**

これにともなって、同様に増え続けているのが65歳以上の高齢者のいる世帯数で、平成24年現在、全世帯の43・４％を占めています。

さらにその内訳をみると、高齢者単独世帯、老夫婦だけの世帯で半数を占めています。また親と未婚の子のみの世帯も増え続けています。逆に三世代世帯は減少傾向にあります。

多くの高齢者世帯では、高齢になった人に子どもがいたとして、その子どもは未婚で同居しているか、あるいは両親とは別に世帯を構え、親は独り、あるいは老夫婦のみで生活しているということになります。

さて、いずれにせよ、いかに長寿の人といえども、やがて迎えなくてはならないのは、その生涯の終焉です。

それが老衰によるものか、病気によるか、事故によるかはともかく、終焉の多くは、突然やってきます。

そして親が終焉を迎えたとき、残されるのは、その人が長い人生を共にしてきた、家具調度をはじめとする実に多くの品々と、その膨大な遺品を前に、どのように片づけしたらよいかと悩む子ども世代にほかなりません。

私に遺品整理を相談してこられる方々の多くが、

「どこから手を付けていいのか、分かりません」

途方に暮れた言葉を発するのを見ても、その気持ちの複雑さが察しられます。

しかし、いかに悩もうとも、**高齢者を親に持つ子どもたちにとって、親の住んでいた家の片づけは、いつの日か、決して避けて通れない、大きな仕事のひとつとなるのです。**

いちばん多いケースなので親と子（親の遺品を子どもが整理する）という対比で便宜的にここでは語っていきますが、叔母（叔父）と姪（甥）、兄（姉）と弟（妹）など、遺品整理の関係にさまざまなケースがあるのは言うまでもありません。

大抵の人が「親が亡くなった後」では片づけられなくなる

ほとんどの方々が悩むのは、遺品の多さです。

マンションの２ＤＫで、比較的に家具調度が少なくシンプルに暮らしていた人でも、いざ整理をしてまとめると、トラック1台分では足りないことが少なくありません。

戦争を経験した世代の人、特に女性では、押し入れや食器棚、納戸にびっしりと荷物や食べ物、古新聞などを残しているケースが多く、トラック数台で処理することもあります。

高齢者になると、常に何かを「足していきたい」気持ちに駆《か》られるものです。

どういうことかというと、**自分の老い先が短いとか、体が衰《おとろ》えたとかいう自覚がありますから、身のまわりの品で、もっとほかに備えるものはないかと「足し算」の計算をしがちなのです。**

現代では通信販売など、直接お店に出向いてショッピングしなくとも、家に居ながらにしていろいろな品を取り寄せることができますから、カタログをチェックしながら「これも必要だ」「これも欲しい」と注文し、知らないうちに品が増えていくのです。

この気持ちは、年を取ると人はつい買いだめしてしまう心理にも通じています。買い物にその都度出掛けて、必要な量だけ買うのではなく、体や天候の良いときに買い物に出ていき、あれもこれもと買い込むのです。

そのため、家にまだ、十分買い込まれている品物でも、一緒に買ってきてしまいます。トイレの側壁に、何度も何度も買い重ねたトイレットペーパーをうず高くなるまで積んでいた人もいました。

それらは本人が亡くなった後で、すべて遺品になります。

そういう膨大な遺品を前にして（しかも、複数の部屋にまたがって遺品は置かれています）、手が付けられない、というのが子どもの偽《いつわ》らざる気持ちです。

しかし、**遺品を前に躊躇《ちゅうちょ》して、なかなか処理が進まないのは、実は量が膨大であるということだけが原因ではありません。**

遺品整理は、人間心理のるつぼです。

簡単にまとめれば、3段階の心理が生まれます。

まず、前述のような「膨大な量だ、どうやって整理したらよいのだろう、たいへんだ」という気持ちに襲われます。

しかし、たいへんではあるけれど、ともかく進めていかなくてはならない。ということで、整理を始めるのですが、遺品整理は親と子の、最後のお別れの場です。これによって、葬儀から続いてきたすべてが終わります。

そう考えると胸が詰まって整理が進まなくなってしまう、という気持ちの問題が多いのです。

特にこの心理は「形見分け」で生じます。

写真アルバム、親の描いた絵画、親が好きだった碁盤などいろいろありますが、どれを持って帰ろうかと思案し、選別しているうちに、生前の親のことが思い出されてきます。

親を思う気持ちです。葬儀まではバタバタと忙しくて、あまり考えることもなく過ごすのですが、ふと落ち着いたときに遺品整理が来ますので、いきなり記憶がぶり返されるのです。

母親の死後、２年間も家賃を払い続けた30代男性

とりわけ、身につけていた衣類を整理していると、親のぬくもりを思い出してしまうという人が多いようです。

片づけは娘さんなど女性がすることがほとんどですが、しんと静まり返った部屋で、たった一人で整理していると、親との思い出が次から次と浮かんでくるといいます。

「これで親とサヨナラするのかと思うと……、遺品の整理というものが、これほどつらい思いをすることとは思いもしませんでした」

そういって涙ぐんだ女性もいます。

母親の使っていたクローゼットを整理しながら、ため息とともに述懐した娘さんもいます。

「母親が亡くなると、その持ち物が、生前とまったく違うものに見えてくるんですね。とても懐かしく母を思い出します」

指さす向こうには洋服やハンドバッグが、きれいに残されていました。

「生前は、実家に帰ったとき、クローゼットを見て、要らないものばかりだな、という程度にしか見えなかったものですが…」

まさに、単なる「モノ」ではなくなる。そこに遺品整理の難しさがあるのです。


この後で、３番目の心理が生じます。

それが罪悪感です。

というのは、形見分けでほんの数品だけを選んで持ち帰ることになるのですが、ほかは処分し（捨て）なくてはなりません。

親が使っていたものを捨てることに、申し訳ない、悪いことをしている、という念が湧《わ》き上がってきます。

遺品整理の現場で、私たちは、ときどき処分していいのか残すべきか迷う品物に出合いますが、そのとき、遺族の方に「この品、どうしますか」と尋ねます。

そういうとき、たとえ不要なものでも、お客さまから「処分」という言葉は返ってきません。

「いいですよ」

という答えが返ってきます。捨ててください、という意味です。

また、専門業者に頼んで整理してもらう場合には、本来、子どもである自分たちが一から十までやらなくてはならないのに、赤の他人に任せてしまったという、忸《じく》怩《じ》たる思いもあるようです。

何かしらの後悔を引きずりながら、遺品整理を終えるというのが実情でしょう。

さらに、**親への思いや罪悪感、後悔を恐れる気持ちが強くなると、遺品整理そのものがストップします**。

亡くなった事実は認めても、気持ちの上では認めたくないという状況になり、遺品の整理から手を引いてしまうのです。

ある30代の男性は、賃貸マンションに住んでいた母親が亡くなったとき、一人っ子だったこともあるのか、母親の部屋をそのままに残そうとして、その家賃を2年間も支払い続け、遺品整理を先延ばしにしていました。

独身の彼は、近くに住んでいました。ときおり立ち寄って部屋に風を入れ続けたようです。

家賃が特別にかかる賃貸でもそういう例があるのですから、持ち家（マンション）の場合では、手つかずでそのままにしているケースがまれではありません。

父親の死後、３年間も実家の片づけができなかった例（50代の主婦）や、４年以上「気持ちの整理がつかない」まま、一歩も前に進めなかった例（40代主婦）など、こうしたケースはたくさん見受けられます。

いずれも実家の相続の決まっている人の場合です。相続人が複数ならば、売却の必要性が生じて、遺品整理を急がなくてはならないでしょう。

ただし、長期間、空き家のままでいると、火事（放火）や空き巣に狙われかねないというリスクがあります。

実家だけの問題から離れて、近隣にも被害を及ぼしかねないことになりますから、遺品整理を早く行い、対応を考えるべきです。

「業者」に頼もうにも、家一軒で100万円かかることも

自分一人の力だけでは、とても遺品整理はできないということになると、私たちのような整理の専門業者の出番になります。

遺品整理業は届け出が不要で、それこそトラック1台あれば、今日からでも参入可能ですから、さまざまな業種が参入してきています。

パソコンで検索すると、それぞれネット上に立派なホームページを作り、サービスをアピールしています。

しかし、安易に専門業者に頼めばいいだろう、という気持ちは戒《いまし》めたいものです。遺品は親の個人情報の塊です。残された品々の中には、亡くなった親しか知らない《へそくり》や貴金属などがたくさん含まれています。

それらに触るのが業者ですから、慎重に選びたいものです。

私もお客さまから、母の大事にしていた真珠のネックレスを探してほしい、などとあらかじめ相談されて、念入りに仕分けを進めたことが数多くあります。

業者がどんな人たちかも気になります。

私自身の経験で言えば、27年前に父が亡くなったとき、どこから手を付けていいか分からず、またホテルに勤めるサラリーマンだったこともあり、時間もないので、業者に下見に来てもらいました。

来たのは茶髪の若者。見積りを渡されたので、

「当日はこの見積りにある金額を用意しておけばいいですね」

念を押した私に、茶髪の若者は、

「たぶん、それで大丈夫だよ」

友だちに話すような言葉づかいで答えたものです。

そればかりでなく、金額があいまいなことが気になり、父の遺品を整理するにはふさわしい人たちではないなと考えた私は、結局、自分で遺品を整理しました。

無事、遺品整理は済みましたが、5日間の休暇では終わらず、さらに2日間、休暇の延長をしたものでした。

お金もかかります。

家財道具などの品物の量にもよりますが、通常でも20～30万円以上かかり、そこその家一軒丸ごとの整理を業者に依頼すれば、60～70万円、１００万円以上かかることもまれにあります。

私は、遺品整理の業者に依頼するなら、見積りに来た担当者に、金額の根拠をできるだけ細かに聞くことをお勧めします。現場をまともに見ずに、見積金額をはじき出すなどは、問題外です。

見積りの内容を細かく聞き取ると、「相見積」を取った他社との比較も容易にできます。

また、**業者の経験値を知るヒントとしては、これまでに起こしたトラブルの内容を聞くのがいいと思います。**

私の場合、今までに50件以上のクレームを受けた経験がありますが、現実にお叱りを受けたのは1件だけ。しかもお客さんの勘違いによるもので、ほかはすべて、トラックの駐車場所が悪い、エレベーターを独占されて不便だといったクレームでした。

どういう業者に任せたらよいのか、重要な問題です。

なぜ9割の人が「不幸な片づけ」になってしまうのか？

ここまで、「遺品整理」という言葉を使い、親が亡くなった後での整理について述べてきました。

これまでの場合の特徴を列挙しますと、多くの遺品整理では、

- 残しておくべきものと処分すべき品が分別できずに迷う。
- そのため、余計な時間がかかる。
- 結果的に、余分なお金がかかる。
- 真剣にやればやるほど、親が大切にしたもの、好きだったものなどが分からないまま整理・処分を進めることになり、罪悪感、後悔が残る。
- 自分自身も納得できない状態で形見分けなどを行い、後味の悪さが残る。

などが挙げられます。

さらに多くの場合で見られるのは、

- 重要な不動産の権利証や契約書、貯金通帳のありかが分からない。
- 親の知り合い、親にとって重要な人が分からない（親の死亡通知を万全に出すことができない）。

といった、極めて重要な事項で、親から子どもに引き継ぎができていない例です。

子どもが「どこかにあるはずだから」と言って、遺品整理の現場で、

「権利証を探してほしい」

「通帳があったら、教えてくれ」

と言ってくるケースも決して少なくありません。

しかし、発見できる場合もあれば、私たちの整理期間中には出てこない場合もあります。重要なそれらが出てこない場合でも、遺品整理業者として、それ以上に立ち入ることはできません。

賃貸マンションに入っていた場合で、賃貸契約書を紛失してしまうケースもよく

見られます。紛失してしまったために、遺族に敷金の支払いがうやむやになったり、それが契約書に書いてあるかどうかを確かめるすべもないまま、部屋のフローリングと壁紙の張り替えを要求された例などを知っています。

親が賃貸物件に入っている場合には、賃貸契約書は預かっておくくらいの注意が必要になります。

私はこうした遺品整理を「不幸な片づけ」と呼んでいます。

なぜこうした呼び方をするのかと言えば、通常よく見られるこの遺品整理には、何ひとついいことがないからです。

ただただ、労力とお金と時間を使い、ヘトヘトになりながらも、終わってみれば罪悪感や後悔、後味の悪さだけが残っているだけだからです。

子どもたちを大切に育ててくれた親。

この世に生まれてもっとも恩のある親。

その親の残した大切な品々を整理する、最後のお別れの場なのに、マイナスのことしか思いつかないような片づけ。

そんな遺品整理は「不幸」としか言いようがありません。

なぜ、こんな「不幸な片づけ」になってしまうのでしょうか。

一言で言ってそれは、

「生前の、親とのコミュニケーション不足」

の結果による「後片づけ」だからです。

親が生きているときに、別の場所で生きて、会話をあまりしなかった親子。

親の人生をよく知らず、その人生での思い出を話し合っていない子ども。

親の持ち物について、何が好きか、何にどんな思いを持っているか、品々についてては今のうちに片づけておいていいのか、あるいはよくないのか、何ひとつ相談もなければ、会話もなかった親子。

親の使っている、また持っている品々について、関心のなかった子ども。

こうした親子では、親にすべての品々の管理を任せているのですから、家じゅうに品物が増えるばかりであることはやむを得ません。

私も「不幸な片づけ」で「父の大事なもの」を捨てた

また親が亡くなった後で、形見分けの品ひとつの選択でも、いつまでも迷わなくてはなりません。なぜなら、それを選ぶヒントが分からないからです。

もし、生前に親子のコミュニケーションがあって、親が格別に思いを寄せていた品や、大切にしていた品などが分かっていれば、迷わずそれを形見として残しておくことができたでしょう。

コミュニケーションがなかった親子では、親の死後、子どもはそういうことができません。

つまり、これまでの例を考えればすぐに分かりますが、生前の親の気持ちや考え、嗜好などがよくつかめないまま、残された品を仕分けしているのです。

そこに徒労感もあり、親の真意に添った遺品整理ではないという忸怩たる思いもあり、そうしたむなしい思いを抱きながら形の上では、整理を終えてしまう情けなさも感じざるを得ません。

私自身の体験を申し上げれば、前述のように27年前に父の遺品整理をしたものです。そのときにいちばん私を悩ませたのは、家じゅうにたくさん飾られていたトロフィーでした。

これらは、ボウリングの好きだった父が、生前、いろいろな大会に出て入賞し、その都度、もらったものでした。

ところが私は、そのボウリング体験やトロフィーについて、何ひとつ訊《き》いておかなかったのです。晩酌をしながら、ボウリング大会での出来事などを、楽しそうに話しているのは聞いていたのですが、ボウリングに興味もなく、仕事も忙しくしていた私は、そのほとんどを聞き流していたのです。

そのために、たくさんあるトロフィーのどれが、父にとって大事なトロフィーなのか、聞くチャンスを逸していたのです。

そのために、トロフィーは（狭いわが家に置く場所もなく）捨てる結果になりました。申し訳ないと思いましたが、仕方ありません。

明らかに父とのコミュニケーション不足のまねいた親不孝です。

遺品整理に名を借りた、単なる「処分」を行っているに過ぎないのですから、こうした「不幸感」が出てくるのはやむを得ないのです。

すべての原因に、生前の親とのコミュニケーション不足があります。

「生前整理」とは単にモノを捨てることではありません

それならば、不幸な片づけを逆転させた、「幸福な片づけ」とは何かを考えてみましょう。

すなわち、それは、親とのコミュニケーションがきちんとできて、その上で片づけができるケースです。

この場合、何よりも親の元気なうちに、親子で一定の品々について片づけの合意ができ、仕分けがが進んでいきます。

「お母さん、このミシン、どうしますか」

「それは、故障して、長いこと使っていないから任せるよ」

たとえ離れて暮らしている親子であっても、ときおり親子が顔を合わせたときに、そうした会話が成り立つ親子なら、家具調度他の品々の整理は進んでいきます。

つまり、いわゆる「生前整理」です。

この生前整理を進める環境をつくっていくことが、幸福な片づけのできる近道と言っていいのです。

生前整理でも、「整理」という言葉を使うために、とんでもない勘違いしていることがひとつあります。

整理という言葉のイメージでは、要るものと要らないものを分別して、要らないものを捨てるように受け取るところがあります。

しかし、**親の家の片づけは決して不用品を捨てる（処分する）ことに主眼があるのではないということです。**これは誤解しやすい点なので、しっかりと押さえておきたいものです。

なぜこれを強調するのかと言えば、いかに子どもが親とのコミュニケーションを取ろうとしても、「不用品を捨てる」という意識で親の品々を見ている限り、気持ちは通じなくなってしまうからです。

子どもがそうした意識で親の品々を見ていると、言葉も、「これは要らない」「これも捨てよう」といった表現になってしまいます。

第2章で詳しく触れますが、こうした言葉は親の心に刺さります。プライドを傷つけることもあります。親を怒らせてしまう場合も起こるでしょう。

よかれと思って始めたことが逆効果になって、「もう、私の家のことに口を出さないで」などということになりかねません。

それでは、せっかく子どもの気持ちも通じません。

では、何が主眼となるのでしょうか。

それは、**品々を見るのではなく、親そのものです。**

親の気持ち、親の暮らしぶり、親の人生、親の今の健康状態、親の危機管理、親の持っている価値観、親の日々の変化、そうしたすべて。

一言で言うならば、

「親と向き合う」

ことによって、コミュニケーションが取れ、ひいては「幸福な片づけ」が可能になっていくのです。

「遺品」はあなたに何も語ってくれない

親と向き合うことは重要です。

それは親の心身の現況を知ろうとすることだからです。

そもそも、これまで、子どもの立場から、親と向き合ったことが本当に何度あったのでしょうか。

親の気持ちや考え、人生、親の持っている価値観を、どれだけ知ろうとしたでしょうか。

また、どれほど知っているのでしょうか。

親の心、子知らずと、昔から言い習わしてきましたが、子どもは親を知ろうとしないまま、自分も老いていくのが通例です。親を知ろうとする子どもは、実に少ないのです。

逆に、親は、子どもを産んで以来、おそらくずっと、子どもに向き合って生きてきたのです。だから、多少の誤解はありつつも、子どもの気持ちや価値観、考え、日々の変化は知っているはずです。

親は子どもに向き合い、子どもは親に向き合っていない。

親は子どものことを知り、子どもは親のことをよく知らない。

そういうアンバランスな、片肺飛行によって親子は別々の人生を歩み、そうして**子どもは親の死によって、遺品整理という場で、いきなり親と向き合うことになるのです。**

このときに向き合っても、すでに物言わぬ親は、何も語ってはくれません。

どの遺品にどんな思いを込めていたか、何を大切にしていたか、子どもに何を使い続けてほしいのか、人生の素晴らしい思い出は何か、…何ひとつ、子どもには分からないままです。遺品の山の中で、子どもは立ち尽くすしかないのです。

それでは片づけという面から見て、マイナスのことしか起きない「不幸な片づけ」しかできません。

そうならないためには、親の生きているときに、親と向き合う場をつくるしかないのです。

第2章に、親と向き合ったコミュニケーションの詳しい内容は譲りますが、親に対して子どもがきちんと向き合っていれば、近ごろ流行りの「終活ビジネスのワナ」に、ハマることもないでしょう。

終活のイベントはしばしば開催されていますが、ここには多くの関連業界が参加します。高齢者も流行のように、そうした集まりに足を向けるようです。

しかし、終活イベントに参加した親が、家からは遠い場所にある墓地を購入してしまって、亡くなってから知った子どもが困惑しているといった話は、私もたくさん耳にしています。

親と子どもの会話が日常的に行われているような関係であれば、子どもの冷静な判断が入りやすく、こうした誤りや余計な出費は避けられるはずです。

また、なかなか親子で話題にしにくい財産関係の引き継ぎも、モノについてのコミュニケーションが進むにつれて、少しずつ解決していくはずです。

なぜなら、親に子どもが向き合い、親を理解しようとしてコミュニケーションを図っていくという場面は、老いた親にとって、人生の中で、とびきりに嬉しい、楽しい経験だからです。

罪悪感も後悔もなく気持ちがラクになる片づけを

こうしたコミュニケーションが進んだ上に成り立つのが、「幸福な片づけ＝生前整理」です。生前整理は、親にも子どもにも、いいことずくめです。

ちょっと考えただけでも、

- 親の生活、気持ちがラクになる。
- 子どもにとって、親が残したいもの、親が大事にしているものを知ることができる。形見分けで迷わない。
- 親子の絆（価値観）を互いに再確認できる。
- もしものときの遺品整理もスムーズにできる。お金も余計にかからない。
- 納得ずくの整理が済んでいるので、遺品整理で罪悪感、後悔を抱かずに済む。

などと言ったことが考えられます。

子どもにしてみれば、いずれは、老いた自分がやらなくてはならない生前整理の予行演習といった意味もあります。親の生前整理とともに、自分の生前整理も考えていけば、充実した後半生を送ることができるでしょう。

幸福な片づけ＝生前整理のもとになるのは、あくまで親子のコミュニケーションです。親子のコミュニケーションは、相対的に若い子どもの側から積極的に図っていきましょう。

それも親が病気などになってからではなく、健康なとき、元気なときから始めていくのがよいのは当然です。

病気になり入院したりした後では、親は気が弱くなっており、何かにつけてマイナスの方向でしか受け取りかねません。ましてや、余命宣告を受けた後などでは、もはや親の持ち物の整理話は、話題の出しようがありません。

生前整理を一般に高齢の親が避けたがるのは、それが自分の死とストレートに結びつくイメージがあるからと考えられます。

ですから、親とのコミュニケーションで生前整理に触れるきっかけは、あくまで、親が生きていくうえで、より快適になる環境づくり、という前提でなくてはなりません。

「死」ではなく、これからの生活をもっとよく生きていく、よりよい「生」に向かっての行為であるということを、それとなく伝える必要があります。

具体的な方法については第2章に譲ります。

さらに、親のまわりにある家具調度、アルバム、衣類、書籍、趣味のものなどは、どれをとっても親が生きてきた証《あか》しであって、それらについて語ることは、親の生涯を振り返ることになります。

これはとても重要なことです。

アルバムにある写真や旅行で買った置物だけでなく、親の身のまわりにあるものは、ひとつひとつ、親にとっての思い出の品々であり、自分が生きてきた証しです。

それらについて語ることは、親が自分の思い出を、子どもと共有することにほかなりません。

また、子どもにしてみれば、数々の品を通じて、親の生涯を追体験することになります。

こうした経験は、親にとっても、子どもにとっても、それぞれの一生の中で何度もあることではなく、たいへん貴重な機会と言ってよいでしょう。

生前整理＝片づけは、そうしたあまりない（これまでもなかった）経験を親と子どもが共通体験する場になるはずです。

そうしたことの積み重ねの上で行われる生前整理は、親にとっても、子どもにとっても「やっておいてよかった」と言える、幸福な状況をつくり出さずにはおきません。

たとえ、これまでは少し離れた関係にあったとしても、ぜひ、子どもが率先して親に近づき、親と子のコミュニケーションを蜜にして、「幸福な片づけ＝生前整理」を実現していただきたいものです。

Column 1

ご近所に迷惑をかけないために

私は依頼者から一度もクレームを受けたことはありません。

しかし、ご近所からクレームを受けたことは何度かあります。

クルマの停車場所で苦情を受けたり、搬出作業中に、

「マンションのエレベーターを独占するな」

と言われたこともあります。

さらに、特に集合住宅で通路がコンクリートの場合、台車の音は意外に響きます。

運び出す量にもよりますが、搬出するのにトラックまで20回くらいは行き来します。

その際に、

「音がうるさい」

「早く終わらせてくれ」

と言われたこともあります。

だからこそ、ご近所への配慮は怠りません。

Column 1

当社では音の響かない特殊な台車を使うとともに、管理人さんへのあいさつなども行います。

皆さんが親の家を片づける際にも、隣近所へのあいさつは効果的です。

ひと言、

「親の家を片づけます」

とあいさつするだけで印象は全然違います。

片づけ時に発生した大量のごみを集積場に運んでも不審がられることがありません。トラブル防止の意味でも、ぜひ、あいさつされることをお勧めします。

第2章

親の家を「片づける前」に知らないと後悔すること

「要る・要らない」で親のモノを見てはいけない

子どもから親にアプローチして、身のまわりの品々を整理する生前整理は、結果的に部屋から不要な品がなくなり、すっきりした空間を現出します。老いた親も生活しやすくなり、事故の起こる危険性が少なくなります。

子どもから親にアプローチすることが本書では主眼なのですが、親が率先して（子どもから言い出さなくとも）生前の整理を自らするケースもあります。私が知っているケースを2例ほど、ご紹介します。

ひとつは、70代で亡くなった女性です。

遺品整理を依頼したのは40代の長女でしたが、この方は視覚障害がありました（自分からそう言いました）。

玄関を入ったときに、台所と奥の和室が見えました。台所のテーブルには、湯呑みとポットだけが置かれていましたが、「居心地のいい空間」という印象を強く抱きました。

奥の和室にはこたつが置かれ、小ぶりの本棚にはタウンページと数冊の雑誌程度しか見当たりません。

トイレを覗くと、ふつうはトイレットペーパーのほかにトイレブラシが置かれているものですが、棚にトイレットペーパーがある以外、床には何もありません。

全体に必要最小限の家具だけがあり、すっきりとしています。

「簡素で、よく整理されていますね」

と言うと、娘さんは、

「私が目が悪いので、母は、余計なものを置いてつまづいたりしないように、日ごろから気を遣ってくれていました。また、自分が亡くなっても、私に迷惑がかからないように、いつも身のまわりを整理していたのです」

確かに、モノを床に置かないよう、隅々まで配慮していると感じました。

作業中、テレビ台の下に置かれた2個の〝のりの空き缶〟を開けてみると、幼少期から学生時代までの長女の写真が、整理され保管されていました。

「母親って、本当にありがたいですね」

彼女はそう言ってほほ笑みましたが、とてもすがすがしい現場だったことを今でも覚えています。

もう一例は、40代後半の主婦です。

電話で問い合わせしてきた際に、

「遺品整理ではないのですが、私の部屋を中心に片づけをしてほしい」

とのことでした。

お宅に伺うと、すでに処分すべきものと、残しておくものの分別が済んでいました。押入れには、少量の衣服と小物だけが残されていました。

「明日、病院に帰りますので、今日中にきれいにしたい。主人に迷惑はかけたくないのです」

と彼女は言いました。自分の死期を悟っているような気配を感じました。

作業中に話した内容から推測すると、彼女自身、母親の遺品整理をした経験があり、一人でその作業をしたつらさと、母のぬくもりのするものを処分するさみしさを痛感していたようです。

そのつらさ、さみしさを、ご主人や子どもたちに味わわせたくないという気持ちから、自分で、できる限りの整理をしたのだと思われます。

二つは、残される者たちへの思いやりが示された例です。親の世代は、特に「人に迷惑をかけたくない」との思いを、強く抱いています。

この思いやりが心の底にある限り、子どもたちからのアプローチは、決して無駄には終わりません。

しかし、必ず心得ておくべきことがいくつかあります。

まずは子どもたちが、本気で親に向き合うことです。

本気で親に向き合うとは、繰り返しになりますが、「何が不要か」「不要な品はないか」という冷たい目で、親の品々を見ないことです。

そのような視線を持って見ると、微妙にその考えは親に伝わるし、子どもの言葉づかいに現れてくるものです。

親にとっては、自分が買ってきた、そして使い込んできた品々は、自分の人生そのものなのです。そのことを、まず肝に銘じてほしいものです。

「親に何かあったとき」ではなく「親が元気なとき」に

親の品々を「不要」「必要」の目で見てはいけないのですが、ではどういう気持ちで親に接することが肝要なのかと言えば、「親の人生を知ろうとする」ことです。これが親と向き合う、もっとも重要なポイントと言ってよいでしょう。

親と楽しく会話しながら思い出を語り合い、その語り合いの中で、親にとっての重要な品は何かを一緒に考えていくのです。

こうした思い出の共有、子どもにとっては親の人生の追体験によって、必然的に何が必要なのか、何を形見として取っておくべきかが明らかになってきます。

この軸を離れたら、幸福な片づけは失敗してしまうはずです。

したがって、こうした語り合いは、親が元気なときのほうがいいのです。

生前に片づけを行う機会として、よく言われるのは、**親が老人ホームに入るときや実家に帰ったときに家にモノが多くなったと感じたとき、などと指摘されていま**

すが、本書で私がお勧めするのは、そうした特別な機会をとらえるのでなく、元気なうちに、今すぐにでも始めたほうがいいということです。

確かに老人ホームに親が入るときには、親は日常生活に必要な品以外は、持っていくことができません。ほかのほとんどすべてが家に入っており、その不在の間に、子どもの判断で片づけを進めることはできます。

しかし、私が残念に思うことは、その片づけには、肝心の親が参加していないことです。子どもからの一方的な片づけで、親の思いをかけた品々を知って選別するということもできません。

親とのコミュニケーションがまったくない、この片づけは、親の気持ちを考えると、さびしい気持ちにさせてしまいます。

また、実家に帰った際に、あんなにきれい好きだった母が、急に汚くしている。モノを溜めている。ゴミ屋敷のようになっている。こうした例は確かに珍しくありません。

私のもとにも、実家がそうなっているから処分をお願いしたいと、電話をかけてくるお客さまがいます。

急に汚れたり、ゴミ屋敷になってしまった家は、当然ながらきれいにしなくてはならないでしょう。親に認知症の症状が現れ始めたために、こうしたことが起こる場合もあるでしょう。

ただ、できれば、そうなる前に子どもとして親に近づいて、どうしてモノが増え始めているのか、汚くしていくのかを知りたいものです。優しく、思いやりを持ってアプローチすれば、親も胸襟《きょうきん》を開いてくれるはずです。

モノに囲まれていることで安心する「親世代」

ところで、親は、なぜモノを溜め込んでしまうのでしょうか。

なぜ、捨てられないのでしょうか。

親を理解しなくては、和気あいあいとした語り合いになりませんし、子どもの気持ちを親に伝えることもできません。

親の、モノに対する考えを知っておいたほうがいいでしょう。

それについては、「モノ」「コト」「ココロ」というキーワードで、このあと分析したいと思いますが、親と語り合う際の前提で気を付けたいのは、基本的に子ども世代と親世代では、モノに対する価値観がまったく違うということです。

戦中や戦後すぐに生まれた親の世代は、モノのない時代に育っています。食べ物にも不足した経験をしています。

それに対して、子ども世代はおおむね高度経済成長時代に生まれ、モノ余りの時代、大量消費の時代に育っています。

このことが決定的に両者の、モノに対する考え方を違うものにしています。

子どもは、モノは望むときにいつでも手に入る、という感覚がありますから、モノを溜め込む必要がありませんし、要らなくなったらさっさと捨てることに抵抗感がありません。

部屋にもモノがないほうが、すっきりとして居心地がいいと感じる人が多いようです。近ごろの「片づけブーム」などの影響もあるでしょう。

親の世代は根本的に違います。

モノに囲まれていたほうが満足感、充実感を覚え、逆にモノが少なくてすっきり

していると、何か足りない感、さみしい感覚に襲われる人が多いのです。

これは第1章で、親の世代は足し算でモノを付け足していく、と書いた通りなのです。

引き算で、要らないモノを捨てる子ども世代。

足し算で、もっと必要なものはないかと溜め込んでいく親の世代。

こうした違いが基本的に、親と子どもにはあるのだと知っていれば、

「なぜ、親はこんなモノを捨てないで、取っておくのか」

ということが理解でき、親に対する接し方も違ってくるでしょう。

モノはモノに過ぎませんが、「されどモノ」です。

親が使っているモノ、捨てられないモノ、溜め込んだモノは、まさに「親の価値観」の表れなのです。使い、捨てず、溜め込むモノのひとつひとつに、親としての必然と理由が籠《こ》められているのです。

親がもしそのモノを嫌いなら、見たくもないモノなら、とうに捨てているはずですが、身近に置いているということは、それがあることで何がしかの幸福を感じて

いるからにほかなりません。

親とのコミュニケーションを図るということは、その親の思いに触れることです。理解してあげることです。

その上で片づけがあります。

「片づけ至上主義」では、親の気持ちに触れることはできず、逆に、そんな子どもは親から遠ざけられてしまうでしょう。

これまでに親の家の片づけを試みて失敗した方は、ひょっとしたら、そういうタイプで親に接したからかもしれません。

なぜなら、親の家の片づけは、本来、親に主導権があるはずだからです。子どもに言われて、捨てるか残すか、考えるたぐいの話ではありません。そこにあるあらゆる品々は、父か母の所有物であり、それをどうしようと勝手です。

子どもは、親の死後の遺品整理がたいへんだという自分の都合で、親の所有物に口を出そうとしているのだという自覚が必要です。

モノを整理した後で、その家で生活するのは、ほかならぬ親なのですから。

もう一度、親に向き合って、再チャレンジすることをお勧めします。

親が「捨てられない」3つの理由を知っていますか?

親がモノを捨てられないのは、「モノ」「コト」「ココロ」によってです。

これは悪い意味で使っているのではありません。

これらを排除して片づけを進めようというのでは、決してありません。

この3つの視点から、親を理解しましょう、ということです。


【モノ】


モノそのものが持つ、重み。その充足感を味わうことによって、捨てられないと言ってよいでしょう。

例えば、モノが身のまわりにたくさんあることで得られる「安定感」というものがあります。

溢れんばかりのモノを見ることで、気分が安定します。**生まれ育ったころ、モノ不足だった親は、身のまわりにモノが増えていくことにありがたいと感じ、幸せを**

覚えるのです。

また、親の世代のさらに親の世代（祖父母）は、しつけとして「もったいない」精神を子どもたち（親世代）に教えています。

モノを、とことんまで使い尽くさなくてはならない、古くなったからといって、簡単には捨ててはならない。

「そんなことをしたら、バチが当たる」

親たちはそういう言葉で、祖父母に教育されたかも知れません。どこまでもモノは大事に扱えという教育です。

日本人独特の教えといってよいでしょうが、

「モノには神が宿る」

という考えが古くからあるのです。

イザナギノミコトが、身につけていたモノ（杖や袋）を捨てたら、それらが神になったという話など、付喪神《つくもがみ》（九十九神）の話を、親たちは聞いて育ったかもしれません。

だから、モノを捨てることには、親たちは罪悪感すら覚えるのです。

私の経験でも、遺品で、10年以上前の灯油を18リットル缶で5個、保存していた女性がいました。その方は昭和48年（1973年）のオイルショックのときに、35歳だったと、依頼者である子どもが教えてくれました。

戦争体験やオイルショックなど、一度、シビアな困窮を味わうと、モノに対する考えが変わるのでしょう。

また、古いソファを置いたままの家もあります。昔は高価な家具だったので、豊かさを感じさせるモノとして捨てられなかったと思われます。同様に「もったいない」として、多くの着物を残している例は、たくさんあります。

【コト】

老化などの「状態」です。体力、気力の衰えによって、モノの整理という作業が億劫《おっくう》になるのです。

結果として、モノはそのままにして置かれ、溜まっていくことになります。

お茶の先生をしていた方が亡くなったときには、2階にお茶の道具や掛け軸が山のように積まれ、ネズミにかじられた跡がついていました。

別のところで生活していた近親者の話では、老いて足腰が弱くなり、2階に上がることができなかったとのことでした。

このお宅では、片づけがほとんどできておらず、相当古いころのお歳暮や引き出物が手つかずで棚に載せられたままでした。

トイレやお風呂にも、トイレットペーパー、平積みのタオル、着替えなど、モノが散乱していました。

こうした、「老化」によって動きが鈍くなり始めたときこそ、その変化を子どもは理解してあげて、一緒にどうしたらよいかを考えるべきです。

【ココロ】

これはモノそのものの持つ力からではなく、モノにまつわる自分の貴重な思い出などから、そのモノを捨てられないというケースです。

モノには、さまざまな思い出が詰まっていることが多いものです。

学校の修了証、優勝の記念トロフィーなどの受賞品、表彰状、クラブで活躍した野球のユニフォーム、大手企業の役員時代の名刺、日記帳、愛読書、などなどは、なかなか捨てることができません。

過去へのこだわりと言っていいでしょう。

遺品を整理していると、我が子たちの赤ん坊のときの産着、ランドセル、成績表、小学生のときに描いた絵などが出てくることがあります。

子どもたちは、すでに50歳を超える年齢になっているのですが、これらもなかなか捨てられないモノのひとつです。

幼い子どもたちとの会話を録音したカセットテープが、50本以上、残されていたケースも経験しています。

親は懐かしくて残しておいたのでしょうが、遺品を引き継いだ子どもたちには、それほど懐かしい品ではなかったらしく、処分に困っていました。

それでも、親が大切にしていたモノを子どもの自分が捨てるのは強く罪悪感を覚えるらしく、結局、私たち、業者に処分は任されました。

親と子で価値観が微妙に異なるものだと、改めて認識させられた経験です。

3要素を組み合わせて「親と向き合う」

このように身のまわりの品々を、親が捨てられない理由をはっきりと知っておくことは、親と向き合ったときにどんな行動を取ったらよいかのヒントになります。

つまり、「モノ」「コト」「ココロ」に示されている親の「捨てられない理由」を理解し、その親の心理に沿うような形で整理を進めていけばよいということになります。

例えば、モノを大事に扱い、古くなってもなかなか捨てられないという親に対しては、どう対処したらよいでしょうか。

むろん、無理に捨てさせようとするのは、愚《おろ》かなことです。親がその品を大切に扱っているのには、それだけの背景があるからです。

モノを大切に扱うことは美徳でもあるのですから、むしろその気持ちは尊重すべきです。

ただ、一方で、「コト」で指摘しているように、老化の進行という事態は避けようがありません。

品物が家の中に溢れていると、それだけで転倒や落下などによって、けがをするリスクが高まります。

このことは、家の中で生活する時間が多い高齢者にとって、重要な視点です。歳をとった親にとって、家具や調度、あるいは棚の上の品々が、歩行の障害や、もしものときの危険物にならないか、つまり「モノ」と「コト」の組み合わせによって、考えてみるのです。

親と向き合うときの行動のヒントになるのは「ココロ」も同じです。

親の暮らしや考え、過去の何に執着しているか、どんな思い出を大切にしているかなどを知ること、すなわち親をよく知ることが、幸福な片づけ＝生前整理に結びつく道です。

その意味で、親が捨てられない、思い出のこもった品々を手掛かりに、その思い出、親の人生を知るのです。親と向き合い、理解し、コミュニケーションが取ることによって、なぜ親がそれを捨てられないかが分かり、どうすれば整理する気持ちになるか、何を話し合うかが分かってきます。

高齢者の事故は「ころぶ」「落ちる」が9割

ここで家の中で高齢者がどのような事故に遭っているか、東京消防庁のデータで見ておきましょう。

同庁のデータによれば、平成21年から25年までの5年間で、およそ28万人の高齢者（65歳以上）が日常生活の中の事故（交通事故を除く）で、医療機関に救急搬送されています。

しかも事故は年々、増加しています。平成21年には救急搬送は49，264人でしたが、平成25年には1万2千人以上増加し、61，928人となっています。

この5年間で救急搬送された約28万人の、事故によるケガなどの状態はどうかというと、医療機関の診察の結果、4割以上の高齢者が「入院が必要」と診断されています。

家の中の事故であるにもかかわらず、多くの人が、相当なケガをしていると考えられます。

では、どのような事故によって高齢者は救急搬送されるのでしょうか。

もっとも多いのは「ころぶ（転倒）」で、全体の約8割を占めています。

次に多いのは「落ちる」で、「ころぶ」と「落ちる」の2つの事故を合わせると全体の9割以上、この5年間で22万人が医療機関に救急搬送されています。

そのほかの事故も多い順に挙げておきますと、モノが（のどに）詰まる、ぶつかる、切る・刺さる、おぼれる、はさまれる、かまれる、やけど、となっています。

まさに、**モノとの関係の強い、「ころぶ」「落ちる」が事故の大部分を占めており、家の中でモノをどう整理しておくかが、事故を防ぐという面からも重要であることが分かります。**


事故の中でもっとも多い「ころぶ」事故について、少し詳しく見ておきましょう。

平成25年には、4万4千人以上の高齢者が救急搬送されましたが、年齢が高くなるにつれて増加しています。

高齢になるほど「ころぶ」ことがケガにつながることが分かります。

ころぶ事故で救急搬送された高齢者のうち、入院が必要と診断された人は4割を超えています。

では、どこで高齢者はころぶのでしょうか。

屋内と屋外とを比較すると、９割以上が屋内です。

特に多いのは「住宅等居住場所」で、多い順に挙げていきますと、圧倒的に多いのが「居室・寝室」です。

ついで、玄関・勝手口、廊下・縁側、トイレ・洗面所、階段・踊り場、台所・調理場・ダイニング、庭・池、浴室・脱衣所。

家の中は、どこでも「ころぶ」事故が起きる危険性のあることが分かります。

この「ころぶ」事故を防ぐ（転倒防止）ために、東京消防庁では、次のようなことを呼びかけています。

- 段差をなくす。段差（段の先端部）を分かりやすくする
- 足元を明るくする（足元灯、照明器具の設置）
- すべり止めをする（階段、廊下、玄関先など）

・歩行を補助する（手すりなど）
・継続できる、体力に合った運動をする（散歩など）
・ころぶ原因となるものを取り除く（整理・整頓）

家具や調度、あるいは床に置かれたモノが多ければ多いほど、それに足をとられて、転んでしまう原因になります。

次に多い「落ちる」事故では、5割以上の高齢者が「入院が必要」とされる、中等症（生命に危険はないが、入院の必要がある）と診断されています。

事故の発生場所は、屋内が7割以上で、その原因の約5割が「階段」となっています。階段以外では、ベッド、脚立・踏み台・足場、椅子などとなっています。

「ころぶ」「落ちる」のデータは、親の品々を整理したいときの、親への説得材料になります。

「ころぶ」は、「転倒事故を防ぐために床に置いたものを整理しましょう」と、「落ちる」は、「階段が危険なので手すりをつけましょう。リフォームをしましょう」ということです。

リフォームの際には職人が動きやすいように、また他人に家の中を見せなくてはなりませんから、「少しきれいにしましょう」と整理整頓を勧める材料になります。

ほんの少しでもいいから、整理整頓をすることで人の気持ちは変わります。

モノを動かす、取り除く、といった些細な変化によって、モノがそこにある状態から無くなる状態への抵抗感が和らいでいくのです。

その上、整理整頓をすると、その場所がきれいになります。床が露出して、その分、広く感じられます。

当然、気持ちもすっきりします。

モノを片づけることのよさが、次第に認識されていきます。

こうした経験の積み重ねが、もっと大きな整理へとつながることになります。

「3W1H」で向き合えば「モメない」片づけができる

新聞記事を書くときの古典的な構成要素が5W1Hです。いつ（When）、どこで（Where）、なぜ（Why）、何を（What）、だれが（Who）、どのように（How）と、この要素を満たして書くのが記事の常道です。

どの要素が欠けても、記事としては不完全なものとなります。

ところで、親と向き合うとき、この要素を援用して考えられないでしょうか。

ただし、登場人物（Who）は親と子ども、理由（Why）は、よりよいコミュニケーションを図るためと、2つの要素はあらかじめ明らかですから、最初から考えなくてもいいでしょう。

つまり、「いつ」「どこで」「何を」「どのように」の4要素でまとめてみたらいいと思います。

「いつ」親と向き合うか

「いつ」は、親と向き合うタイミングです。

例えば、前にも触れましたが、「親の変化」に気づいたときです。

とはいえ、親と離れて暮らしている子どもにとって、親の変化は気づきにくいものです。

親は、老いによって動くことを億劫に感じ、モノの整理をないがしろにしがちです。それによってモノが家の中に増えていくようになっても、親は子どもに面倒はかけたくないとの思いから、子どもに相談したりすることがまれなものです。

ましてそれが、業者や役所に連絡しなくてはならない粗大ゴミのようなものであると、高齢者にとってはハードルが高くなります。

2階から大きな箪笥《たんす》を運び出すというようなことを考えただけで、思考はストップします。

本人の意識としては処分したくとも、実際問題としては手つかずになります。結果的に家の中にモノが増えていく、散らかっていくことになるでしょう。

それを子どもはどう気づいたらいいのか。

私が遺品整理に入ったときなどに、子どもからぽつぽつと聞くのは、お盆や正月に実家に帰って、何となく汚くなったなと感じたという話です。

どうも掃除をしていないのではないか、お風呂を洗っていないのではないか、といった気づきがあると言います。

こうした変化は、小さく見ないほうがいいと思います。むしろ、子どもから積極的に、最近の様子などを聞き出すようにしてアプローチすべきでしょう。

ほかにも介護施設や老人ホームに入りたいなどと相談があったときも、よいタイミングになるでしょう。


ただ、これらはいずれも、親からシグナルが送られてのタイミングです。

もう少し、子どもから能動的に動く、より積極的なタイミングのつかみ方もあるのではないでしょうか。

親の70歳の誕生日というタイミングに、いろいろと話そう。

今度のお正月に帰省の際に、酒を飲みながら話そう。

そのように、子どもの側から計画的にタイミングづくりをする手もあります。

そしてその際には、何をどのように話すか、工程表を頭の中で組み立てるくらいの周到さが欲しいものです。

能動的な視線で親の暮らしぶりに向き合うと、たとえ年に一度の帰省であっても、玄関にいろいろなものが置かれていて危ないなとか、台所で高い棚のモノを踏み台を使って取るのは危険だなどと、さまざまな点で気づきます。

「どこで」親と向き合うか

「どこで」は場所です。

これは親がいちばんリラックスできるところ、つまり家で、直接、向き合って話すことになると思います。

親の持ち物の整理という、たいへん重要な課題についての話なのですが、親を緊張させてはならないでしょう。

直接というのは、電話やメールではないという意味です。対面です。

「何を」親は残したいのか

「何を」は、生前整理する際の、品々の分別です。

何を残し、何を捨てるのか、といった単純な分別ではなく、むしろ親が残したがっているものは何か、を知ることです。

要る、要らないといった分け方ではなく、親がそれを好きなのか、それともそうでもないか、で分けていくのです。

前出の「モノ」「コト」「ココロ」に沿って、親が好きな品、こだわりを持っている品々について、よく話を聞きながら分別していきます。

それを聞き出し、確かめることが第一です。

子どもが聞き、親が話して、好きな品やこだわりのある品々が確定すれば、あとの捨てるべきものはおのずと決まってきます。

残すべきモノ、こだわりのあるモノ、といった、親にとってプラス評価の話題が先行すれば、親の気持ちも打ち解けたものになっていくでしょう。

そうすれば、もっと突っ込んだ話になっても、親が拒否してしまうということはないはずです。

ただ、急《せ》いてはいけません。

これまで、まったく親と家の品々の整理について話す時間をとっていなかったのですから、すぐに親が乗って来るとは思えません。

ひょっとすると、拒《こば》まれるかもしれませんが、それも当然と考えて、時間をじっくりと掛ける覚悟で、向き合うべきです。

「どのように」親と向き合うか

これらの話を「どのように」進めるか、これはきわめて重要です。

私は「どのように」親と向き合うか、の要諦は、

「明るく、楽しく」

に尽きると考えています。親と向き合い方で、深刻になっては困ります。

その話をもっとしたいな、と親に思わせるような、そうした雰囲気で進めていくことがいちばんだと思います。

明るく、楽しく、の目的に沿った最良の方法は、ビデオや写真アルバムなどを基にしながら、親のこれまでの人生を語らせることではないでしょうか。

特に、人間は自慢話が大好きです。仕事だけではなくて、家庭の出来事でも成功した話、うまくいった話などをしてもらいましょう。

当然ながら、子どもたちの成長、家族旅行、趣味の話、交友…さまざまな話が出てきます。

それに関連した品々の話も出てくるでしょう。

「そんな素敵なものがあるなら、見たいわ。コレクションボードを片づけて、あそこに飾れるようにしようよ」

そういうきっかけで、片づけの話に持っていくこともできます。

何よりも、親がどの品になぜこだわり、いまどこに、どのように保管されているか、それを確認するだけで、形見として残したほうがいい品なのか、やがて処分してもいいモノなのかが分かります。

片づけの「主語」が「あなた」になっていませんか？

明るく、楽しく、を貫《つらぬ》くためには、終始、話題の中心人物が「親」でなくてはなりません。**親と向き合うときの主語は、あくまでも「親」なのです。**

東日本大震災のあと、防災意識が高まりました。

高齢者は、とかく廊下や部屋の床にモノを置き放しにしがちですが、地震が起きたときなど、「いざというとき危険だよ」という言葉に、説得力が増したと言われています。

整理することのよさを再認識してもらうには、防災という観点から、廊下や台所、居間や寝室の床、棚などの点検から話し合うことは有効です。

その場合の主語も「親」です。親のため、です。

「お母さんが、危険な目に合わないために」

という言葉は、無理がありませんし、説得力を持っています。

床に置かれた雑多なモノや、落ちてきたら危険な棚の上のモノなどを整理するだけで、空間は広く見えるものです。

廊下や部屋が広くきれいになって、なお防災に役立つ。こうした積み重ねが、やがて幸福な片づけに親を向かわせることになります。

楽しい、明るい。そういった親子の話し合いが続けば、コミュニケーションはどんどん深くなります。

そのために、親が、子どもと話すことが楽しい、嬉しいと常に感じさせる工夫も重要になるでしょう。

ある人は、親が気に入っているレストランや食べ物をあらかじめリサーチしておいて、話し合いの後は必ずその場所に行く、その場所で、再び楽しい思いをさせるということをしました。

すると親は、家での、楽しい思い出話や気に入った品々の話をした後、必ず訪れる別の楽しい時間があることを心に刷り込むようになりました。

むろん、たいへん積極的に子どもの話に乗ってくるようになったそうです。

こうした方法も、多少予算が必要ですが有効な方法でしょう。

親との向き合いで、もっとも心しなくてはならないことは「焦《あせ》らないこと」です。すぐに親が、自分の意見を聞いて、生前整理に賛成してくれるなどという楽観は捨てなくてはなりません。

親は、身のまわりの品々とともに、何年も何年も生きてきたのです。

まったく不便を感じてはいないのです。今のままで十分、なのです。
それなのに、子どもの側では整理を持ちかけようとしているのです。

焦って、妙なタイミングで「片づけ」「捨てる」と言った言葉を出すと、自分の生活が無理強いに変更させられるのではないかと不安に陥りかねません。

そう感じさせたら、失敗です。

生前整理を成功させるには、親の話をよくよく聞くことです。今の生活で何か困っていることはないかを探すつもりで、親の話に耳を傾け、暮らしぶりを観察してみるのです。

時間をかけて、

「一緒に、片づけましょう」

と呼びかけるつもりで、じっくりと親の話を聞いてください。

迂遠のようですが、親の家の片づけを成功させるには、親にやる気をいかに起こさせるかにかかっているのです。

「氷の言葉」を今すぐやめて「太陽の言葉」で接しましょう

最後に、親子のコミュニケーションをよくし、幸福な片づけ＝生前整理をするために、むしろ障害となる言葉づかい、親の気持ちを傷つけてしまうトゲのある言葉について、触れておきましょう。

老いた親は、もはやかつての溌剌《はつらつ》とした親ではありません。

子どもは昔のきびきびした親を残像として頭に描いていますから、例えば、掃除もきちんとできなくなった親に我慢できないことがあります。

ゴミが散らかる部屋や、汚く放置されたトイレなどを見て、思わず、

「昔は、私にきちんとやれって、言ってたわよね」

嫌味を言ったり、

「どうして、できないの」

きつい一言を放ってしまいがちです。

むろん、こうしたきつい言葉は親を傷つけ、不愉快にさせます。親に喧嘩を売っ

ているのではないかと思わせても仕方ありません。

一緒の片づけなど、この言葉ひとつで、ストップしてしまうかもしれません。

親はいつまでたっても親なのです。年老いた親にも、プライドがあるのです。

子どもが、上から諭《さと》すようなものの言い方はすべきではありません。

親の家の片づけをしている際に、使ってはダメ、という言葉には、次のようなものがあります。

「なぜこんなものまで取っておくの」

「賞味期限がとっくに過ぎているわ。食べられないのに」

「こんなゴミみたいなもの、いつまで取っておくの」

「汚いから捨てるわよ」

「こんなに汚れているのが分からないの」

「こんなものだれも欲しがらないよ」

「昔はもっときれいにしていたのにね」

「言い訳ばかり言うのね」

「昔はできたのに、どうしてできないの」

「しっかりしてちょうだい」

「要らないわ、あんなもの」


一気に親子のコミュニケーションを断ち切るような言葉はやめて、親の心を開く言葉を使いましょう。


「転んでケガをしないように、一緒に片づけようね」

「ちょっと古くなったけど、まだ使えるかしら」

「この中で、特に大切なものは何？」

「これ、居間に置きたいけど、どうかしら？」

「あの棚のモノ、地震で揺れると危険ね。どうしようか？」


切り口上で詰問したり、断定したり、責めたりするのではなく、

- 老いた親に合わせたゆっくりした口調で、

- 親に意向を柔らかく尋ねたり、
- 好きな品を訊いたり、
- 行動する理由をきちんと言ったりすると、

親はスムーズに心を開くことができます。
心を開くことがコミュニケーションの第一歩なのです。

Column 2

親が捨てたがらないモノを知ろう

親が捨てる、捨てないの判断をする際、いくつかの共通点が見られます。あくまでも一般的な基準として参考にしてみてください。

なお、親が亡くなったとたんに、家の中のあらゆるモノは遺品となります。その遺品の中にも、子どもが処分に躊躇するモノ、子どもが躊躇しないモノに分けることができます。子どもが躊躇するモノに関しては、必ず親の生前中に、何が好きかを確認しておきましょう。遺品整理のときに、必ず役立ちます。

【父親が捨てたがらない品】

日誌、手帳、名刺、授賞品、背広、ネクタイ、革靴、本、書類、表彰状、年賀状

【母親が捨てたがらない品】

洋服、着物類（草履、帯）、ハンドバック、趣味の物、食器、電化製品、箪笥、三

面鏡、贈答品、客用布団、日常生活用品

【父親、母親とも捨てたがらない品】

写真、アルバム、先祖の遺影

【娘が躊躇する品】

①アルバム　②父親の背広　③表彰状　④母親の衣類　⑤故人の造作物　⑥母親の着物　⑦美術品（掛け軸）

【息子が躊躇する品】

①母親の造作物　②アルバム（写真）・母親の衣類　③生前、母親が気に入っていたモノ（ソファなど）・美術品（掛け軸）

【子どもが躊躇しない品（不用品扱い、関心を示さない）】

・玄関――置物、絵（飾り物）、靴、傘（玄関まわりのモノには関心を示さない）】

・リビング——置物、絵（飾り物）、贈答品（引き出物を含む）、本棚と本（百科事典と小説は除く）、旅行土産、ビデオ、家具

・押入れ——冠婚葬祭の引き出物・贈答品、布団、座布団、雛人形、端午の節句、子どもたち（自分自身）の卒業証書・通知表、生活用品、消耗品（タオルなど）、健康器具、家電類、故人が飼っていたペットの写真（子どもたちが一緒に暮らしていたペットの場合は別）

・部屋——ベット、ハンドバック、カセットテープ、アクセサリー、家具

【特に娘が躊躇しない品】

アクセサリーや化粧品（母親と趣向が違うため）

【特に息子が躊躇しない品】

父親の背広・ネクタイ、手帳、書類（大切なものは除く）、父親のゴルフなどの趣味、コレクション

第3章

「エンディングノート」と「終活」が親も、あなたも、苦しめる

「終活」という言葉はとっても危険な落とし穴

ここ数年、すっかり知名度が上がった言葉に「終活《しゅうかつ》」があります。「就活」（就職活動）をもじった造語ですが、２００９年に週刊誌が使い始めて以降、世の中に急速に浸透し、今ではすっかり市民権を得るに至りました。人生の終焉を見据えて、自分の葬儀や墓、相続などを生前から準備する活動。そういう意味で使われています。

２０１０年の新語・流行語大賞でノミネートされ、２０１２年の同賞ではトップテンに選出されました。

関連の終活本も多数出版されているほか、２０１３年には産経新聞出版から日本初の終活専門の季刊誌『終活読本ソナエ』も刊行。併せて情報サイト『終活ＷＥＢソナエ』もスタートし、人気を博しているようです。

文字通り、一種の終活ブームともいえる現象が起こっています。

高齢社会の到来、血縁や地縁の希薄化、各家族化による家意識の希薄化など、いろいろな理由が語られていますが、私はこの「終活」という言葉の発明自体が大きな契機になっていると考えています。

言葉を取り巻くイメージがガラッと変わったのです。

これまで、「生涯の終焉への備え」と聞くと、後ろ向きなイメージばかりが先行しました。

しかし、終活という抽象的な言葉に置き換わることで、死自体に備わっている暗いイメージが払拭《ふっしょく》されたのです。

その効果でしょう。

「自分も人生の終わりに向けて、終活しておこうかな」

「家族に迷惑が掛からないように、身辺整理をする必要があるな」

という形で、多くの高齢者の意識に変化が生じました。

一方で、**これに便乗したさまざまなビジネスも活発化しています。**

いわゆる「終活ビジネス」です。

これまでも葬儀業界、墓石業界など、さまざまな「死」に関するビジネスがありましたが、完全に「待ち」のビジネスでした。

営業しようにも、元気な人を前に、

「うちではこんな葬儀ができますよ」

「いざというときにも安心ですよ」

という形で提案しても、

「冗談じゃない。縁起でもないことを言わないで」

と追い返されたものでした。しかし、終活という言葉ができたおかげで、

「皆さん、終活について考えましょう」

と、一転して、攻めの営業ができるようになりました。

これも大きな変化です。

終活は親のため？　子どものため？　それとも…

こうした終活ビジネスにはいくつかの共通の特徴があります。

まず、明るさの演出です。

日本最大の終活イベントというものに私も参加したことがありますが、会場はとにかく明るく、楽しく、前向きといった雰囲気に満ちていました。

出展企業も葬儀や墓石・仏壇関係の会社だけでなく、生命保険会社、住宅メーカー、携帯電話のアプリ開発会社、写真スタジオ、出版社、家具店などさまざまです。

参加者も70歳から75歳ぐらいの4、5人程度の女性の友達同士というパターンが圧倒的に多く、一人で来場する人はまれでした。

そして、みんな、楽しそうに、遺影用の写真撮影や、入棺体験をされていました。

そこには悲壮感、しめっぽさはこれっぽっちもありません。

「明るく、楽しく」の演出で、死に対するハードルをぐっと下げようとしているのです。

「時代は着実に変わっているな」

と率直に感じたものです。

もちろん、それ自体、悪いことではありません。

ただ、現状の終活ブームの陰で、なかには高齢者を食い物にする会社も少なくありません。

体の衰えが進む高齢者は、常に、「何かに備えたい」という気持ちを持っています。やり残したことがあれば、それを「補いたい」という思いも持っています。

それを「終活」という言葉で刺激し、さまざまな商品の購入、サービスの利用につなげていく。そして、不必要なものまで購入させるケースもあります。

加えて、さらに大きな問題があります。それは終活ビジネスによって、家族が迷惑するケースが多発していることです。

これは、終活ビジネスにおける、もうひとつの特徴とも関連しています。その特徴とは、「自分らしさ」の追求です。

葬儀の在り方や墓のデザインを含めて、自分らしいエンディングの在り方を見つけることがあなたの幸せにつながっていく。

こうしたことを、終活ビジネスを行う業者はさり気なく、しかし強烈に参加者のマインドにしみ込ませていきます。

もともと、多くの親にとって、終活の目的は、

「子どもたちのために、どう人生の締めくくりをするか、準備していくか」

というところにあるはずです。

しかし、終活ビジネスのワナにはまって、結果として子どもたちが迷惑してしまう終活になってしまうとしたら、本末転倒としか言いようがありません。

まさに「不幸な終活」といっていいでしょう。

「子どもたちのため」の準備が、いつの間にか、業者の口車に乗せられて「自分のため」の準備に置き換わってしまっていることが原因です。

子どもたちが「迷惑する終活」の共通点

以前、ある遺品整理の依頼者から、次のような話を聞かされたことがあります。

この方は生涯独身の叔母が亡くなったことで、高齢のお母さま（相続人）に変わって、姪の立場で遺品整理を担うことになったのですが、片づけ作業の合間に私に次のように言いました。

「内藤さん、聞いてくださいよ。叔母の葬儀があんまりだったんですよ」

聞いてみると、この叔母は終活の一環で、葬儀会社に「音楽葬」を生前予約していたようでした。

当日は出棺の際に、5名ほどの演奏者がバイオリンを演奏したとのことでしたが、遺族ばかりか出席者は皆、かなりの違和感を覚えたというのです。

「だって、音量も大きすぎるし、曲調も派手めだし。遺族としては静かな葬儀を望んでいたものですから、思わず唖然としてしまいました。どうしてあの物静かな叔母があんな葬儀形式を選んだのか、分からないんですよ」

もしかしたら、業者がうまく誘導したのかもしれませんが、いずれにしても、**この話を聞いて私が痛感したのは、「故人が自分の思いを優先すると、遺族が迷惑してしまうこともあるんだな」ということでした。**

実は、私自身もこんな経験をしました。母親が私の知らない間に、墓地と墓石を購入していたのです。

どうしてそんなことになったのか。それは地域の終活イベントに参加したことがきっかけでした。

今、全国各地で終活イベントが盛んに行われています。

最近の葬儀の傾向、遺言、保険、墓、相続などをテーマに、専門家が講演したり、アドバイスをしたりする講義形式のイベントです。

会場も市町村の公共施設だったり、公立の学校だったり、地区の公民館だったり、カルチャーセンターだったりとさまざまで、多くが無料です。

垣根を低くして、多くの高齢者が参加できるような形にしているわけです。

実際、私も参加したことがあるのですが、会場は高齢者でいっぱいでした。

一見すると、高齢者に役立つ情報を提供しているのだし、お金も無料ですから、何の問題もなさそうです。

とはいえ、公的な機関が主催するような一部のケースを除き、主催者もボランティアでこうしたイベントを開くことはありません。やはり、そこに大きなビジネスチャンスがあると、期待しているからこそ開催するのです。

自分らしい「終活」の準備をすることが、いかにあなたの幸せにつながるのか。お子さんたちの負担を減らす結果になるのか。そういうことを強くアピールし、自社の商品やサービスの購入につなげていきます。

事実、私の母親も、専門家の勧めに応じて、「自分が生きている間に、自分の墓を買ったほうがいいだろう」と判断して、墓地と墓を購入しました。もしかしたら、息子の私に迷惑を掛けまいという気持ちもあったかもしれません。

しかし、後日、話を聞いた私は愕然としました。

購入した墓地は、自宅から片道2時間以上もかかる立地のよくない場所だったからです。

そこは、私にとっても、私の息子にとっても通いづらい場所。

結局、私の手で撤去しなければならないでしょう。

母親にはかわいそうですが、結果としては私にとって大きな負担になってしまっています。

まさに、「子どもに迷惑をかける終活」になってしまったわけです。

「終活ブーム」に乗っても踊らされてもいけない！

こうした現状を受けて、私が訴えたいのは、

「終活ブームに踊らされてはいけない」

ということなのですが、これは親世代に対してだけのメッセージではありません。

自戒を込めてということもありますが、やはり子どもの存在が肝心です。

すなわち、子どもは親が終活ブームに踊らされないよう、普段からしっかりコミュニケーションを取る。そして不安や困ったことについて耳を傾けるということが欠かせないということなのです。

私の母親が墓を購入したのも、責任はむしろ息子の自分にあるのではないか。

今ではそのように思っています。

人間は年齢を重ねるにつれて、いろいろなことができなくなります。そして困っていること、不安なことも増えてきます。

できれば、こうした不安を信頼できる人に語りたい、分かってもらいたいという

思いも持っています。

ところが子どもたちはそうした親の思いを理解していません。たまに親から電話がきても、忙しいからといって、事務的な話題に終始して、そそくさと会話を打ち切ってしまうことも少なくありません。

親は子どもの態度をよく見ています。**自分の訴え（サイン）に対して、耳を傾けようとしない子どもに、自分の心の内をさらそうとはしません。**

だから、誰にも相談もせずに、自分らしい葬儀について、あれこれ考えるのです。おそらく、母も私に何らかのサインを送ったのだと思います。それを私は気付かなかった。

もし、普段から母親とコミュニケーションを取り、何でも相談してもらえる関係を築いていたら、今回のようなことにならなかったに違いありません。

その意味でも、親に余計な心配をさせてしまった私に、非があると考えているのです。

「現場で書き上げられたエンディングノートは見たことがない」

ところで、私は「終活」のすべてを否定するわけではありません。

私は、本来の終活とは、親が人生の終焉を迎えるに当たって、大事な情報を子どもに伝えることにあると思います。

これ自体、極めて重要なことです。

ではどのように、本来の終活を進めるべきなのか。

そのためにも、ぜひ活用してもらいたいことがあります。それは終活セミナーなどでよく活用される「エンディングノート」です。

一般的に、エンディングノートには次のような項目が設けられています。

- 自分のプロフィール
- 自分の健康状況
- 寝たきりになるなど、自分の判断能力がなくなったときの治療（延命治療の有無）

や介護の方針
- 自分の財産（貴重品、加入している保険情報を含む）
- 家系図（お墓）
- 葬儀に呼んでほしい親戚、知人
- これから楽しみたいこと、セカンドライフの展望など

こうした項目に親が内容を書き入れることで、子どもたちは大事な情報を受け継ぐことができるというわけです。

その意味では、非常に効果が高いツールなわけですが、実際にエンディングノートは役立っているか、うまく活用されているかというと、そうでもありません。

第一、エンディングノートを書き上げる人はほとんどいません。ある調査によると1％ぐらいだとも言われています。

私も遺品整理の現場で、エンディングノートをよく見かけますが、これまで完全な形で書き上げられたエンディングノートを見たことは一度もありません。

なぜでしょうか。

いくら「終活」、あるいは「エンディング」という、抽象的な言葉を使おうが、親は自分の死後のことを想定してノートに文字を書き入れなければいけません。すなわち、自分の死と直接、対峙しなければいけないのです。

結局、それに耐えられなかったのではないか、だからみんな書き上げられないのではないかと私は考えています。

明るく、楽しい終活イベントに友人たちと参加して、心躍らせることがあるかもしれませんが、基本的にノートを書くときは一人です。

誰もいない静かな部屋で、自分の死に向き合わなければならないのは、苦痛以外の何物でもありません。

なかには消しゴムで幾度も消しながら、何とか書こうとしたものの、途中で断念した形跡のノートもありました。

「これを書けば子どもはどう思うかな？　負担に思うかな？」

などと逡巡《しゅんじゅん》しながら書かれたのでしょう。今でもあのノートを思い出すと、胸が締め付けられる思いがします。

なかには、書けないのではなく、あえて書かない人もいます。

80代の元高校の先生が介護施設に移ることになって、見かねた教え子さんから書籍と書類でいっぱいの2DKの片づけを依頼されたことがあります。

片づけを始めると、書棚からまっさらなエンディングノートが出てきました。残すべきか、処分すべきか聞いたところ、捨ててほしいとおっしゃいました。

さらに、書かなかった理由として、

「自分への執着が強まるような気がしてやめたんだ」

と言われたことを、今でも忘れられません。

自分に執着してしまうために、他人のための準備が、自分のための準備に置き換わってしまう終活ビジネスの本質をズバリと見抜いたのかもしれません。

これはこれで聡明な考え方ですが、いずれにせよ、**エンディングノート自体は大事な情報を伝えるツールとしては非常に有効であるのにもかかわらず、それが十分に活用されているとは言えないのが現状です。**

これはあまりにももったいないことです。

これをどのように活用していくのかは、次項で詳しく述べるように親の家の片づけを進める上でも重要な課題です。

エンディングノートに必要な情報は3つで十分

まず、私が強調したいのは、

「エンディングノートは引き継ぎに徹しなさい」

ということです。

そもそもエンディングノートは何のために書くのかといったら、子ども世代が困らないようにすることにあるのですから、それに撤しましょう、ということです。

引き継がなければいけない事実がしっかりと書かれていれば、いざというときに子どもは困りません。要は「事実」が重要なのです。

なかには、人生の棚卸でもするつもりで、自分の「思い」を中心に書きたがる方もいますが、これだと結局のところ精神的につらくなって筆が進まなくなりがちですし、何しろ「引き継がなければいけない事実」がおろそかになる傾向もあります。

これではエンディングノートの目的に沿いません。

では、エンディングノートに書かなければいけない事実とは何か。

次の3つで十分です。

逆に言えば、これら3つの情報がなければ、子どもはとても困ります。

①親が好きな品物
②葬儀に呼んでほしい親戚、知人
③財産（貴重品、加入している保険情報を含む）

この3つの事実だけなら、親もそれほどの苦痛を味わうことなく書けるでしょう。

ではそれぞれについて簡単に説明します。

①「親が好きな品物」
これは、いざ親が亡くなったときに大事な情報になります。

すなわち、遺品整理の現場で、子どもは、

「何を形見分けにすべきか、どれを持ち帰るべきなのか」

について迷います。

もし、親に自分の好きな物を明確にしてもらえれば、形見分けの物を選ぶに当たって、余計に迷う必要がなくなるのです。

大量にある趣味のものについても、特に好きな作品を記入する。洋服についても、特に思い出深い服は書き入れる。

子どもはその情報をもとに、自宅に持ち帰ったり、あるいは火葬の際に燃えると判断されれば、お棺の中に入れて、一緒に焼いてもらったりという行動ができるわけです。

②「葬儀に呼んでほしい親戚、知人」

これも、子どもにぜひ引き継いでもらいたい情報です。

というのも、いざ親が亡くなると、短い時間の中で、誰に訃報を伝えればいいのか、誰を葬式に呼んだらいいのかを判断し、連絡を入れなければなりません。

私も父親が亡くなったとき、家族ぐるみで旅行などに行っていた顧問税理士など、特にお知らせしたかった方の連絡先が分からずに往生しました。

あらかじめ連絡先が用意されていると、遺族は余計な苦労をしなくて済みます。

③「財産」

「財産」の重要性については、言うまでもないでしょう。

子どもに引き継ぐべき、もっとも重要な情報です。取引している金融機関に関する情報だけでなく、価値の高い美術品や貴金属などの貴重品も、財産に含まれます。

こうした情報はしっかりと書き入れます。

実際、こうした情報が引き継がれないために、遺品整理の現場で困惑する遺族が多いのです。現場で依頼者に、

「この絵はどうしますか。残しますか？　処分しますか？」

とお聞きしても、多くの人は答えられません。それはその絵の価値が分からないからにほかなりません。

自分の健康に関する「注意情報」は玄関に

このように、いざというときに遺族が判断に迷わないよう、スムーズに引継ぎが

できること。これこそが終活や、エンディングノートの本来の姿です。セカンドライフなどの項目は、本来なくてもいいのです。

なかには、「自分の健康状況」や「延命治療の有無」に関する希望などの情報も重要ではないかという意見もあるでしょう。

おっしゃる通りです。

私自身も、薬のアレルギーを持っています。一度、アナフィラキシーショックが起きて血圧が急激に下がり、生命の危険にさらされたことがありました。すぐに救急車に乗せられて、病院で処置をされて事なきを得たのですが、病院でも医師から、

「どんな薬を飲んだのか」

と盛んに聞かれました。

しかし、意識がもうろうとしてしまって、どうしても答えられませんでした。医師が機転を利かして、静脈内注射をしてくれたために命をとりとめることができたのですが、今、振り返っても本当に危ない事態だったと思います。

そう考えれば、確かに、あらかじめ薬のアレルギー情報などが記入されたノートを救急隊員や医師に渡すことができれば、非常に効果的でしょう。

同様に、延命治療の有無も重要な情報です。

私の叔父は92歳のときに脳梗塞で倒れたのですが、見舞いに行くと、体に管や呼吸器をつけられていました。

いとこの夫妻も、

「こんなに苦しんでいるなら、早く楽にしてあげたい」

そう、思わず口にしましたが、私も同じような思いでした。

本人が延命治療を拒めば、治療をやめることができます。とはいえそれは不可能です。もはや危篤状態の叔父は、自ら意志を表すことができなかったわけですから。

もし、あらかじめノートに記していれば、早く楽にさせられたことでしょう。

ただし、こうした情報をエンディングノートに記すことが本当に効果的なのか、よく考える必要があります。

というのも、そうした情報は、私のように体調が急変して、自分で判断が下せない状態で救急車にかつぎこまれるような、まさに一刻一秒を争うような状況でこそ重要性を増すものだからです。

そんなときに、エンディングノートを即座に救急隊員に渡すことができるか、考えてみてください。

現実的には、難しいでしょう。**エンディングノートは、財産など、極めてプライバシーの高い情報が書き入れられているので、保管も厳重にしているはずです。**

このような健康に関する情報はむしろエンディングノートに記すのではなく、該当箇所をコピーした上で、そこに書き入れて、救急隊員の目にもとまりやすい玄関にでも貼り付けておいたほうがよほど有効だと思います。

「幸福な片づけ」に不可欠な「親の自分史」のススメ

もうひとつ、私が提案したいのは、可能であればエンディングノートは親子で作成してみたらどうかということです。

子どもとしては、親の苦労やつらさを分かち合うきっかけになるし、親の存在をより身近に感じられるようになるでしょう。

さらに、親を支える責任感を養うことにもつながります。加えて、共に書くことで、親子のコミュニケーションが促進します。

親からしても、多くのメリットがあります。一人では書けないことでも、子どもと一緒なら書き上げることもできるでしょう。それによって、子どもへの信頼も増すでしょうし、より親子の絆も深まると思います。

文字を書き入れながら、親子がともに納得する終活の在り方について、意見を交わすのもよいでしょう。

ここまで何度も「生前整理のススメ」を強調してきましたが、それができるのも、こうした身近な関係性があってこそです。

身近な関係性を築く上でも、お勧めしたいことがあります。

それは「親の自分史」もぜひ聞いてもらいたいということです。

実際、エンディングノートにはプロフィールの欄があります。

引き継がなければ子どもがいざというときに困る、という性質の情報でもないので、詳しく記録に残す必要はありませんが、項目に沿って、

「大学時代、一番夢中になったことは何？」

「社会人になって忘れられない先輩はいる？」

「お父さん（お母さん）とはどこで出会ったの？　初めてのデートはどこ？」

このようにしていろいろ聞いてみると、新しい発見も出てくるでしょう。

もし、そのときの写真がある場合には、アルバムを繰りながら言葉を交わすのも効果的です。

それが記憶の呼び水となって、よりリアルな話が聞けるはずですし、親の思い出をより身近なものとして共有できます。親にとっても自分の人生を興味深く子どもが聞いてくれれば、これほど嬉しいことはないでしょう。

親から初めて聞く話もあるでしょう。子どもにとっても、意外な親の一面を知る、貴重な体験となるに違いありません。

さらに、ここで得られる情報は、次章で紹介する片づけを進める上でも役に立つのです。

Column 3

親の家を片づける前に自分を省みることも

親の家を片づけるためには、親へのリスペクトが必要です。ただし、どうしても親に文句のひとつでも言いたくなる。そんな人もいるかもしれません。

そのときには、自分を省みることをお勧めします。自分自身が自分の身のまわりのモノについて、再確認してみるということです。

私は長年にわたって、さまざまなお宅の片づけ作業に従事してきましたが、私自身を振り返ると、十分に身のまわりの整理ができていた人間ではありませんでした。

自宅の下駄箱にはブランド品の革靴を含めて、10足以上の靴がありましたが、まったく履かない靴も多数ありました。

さらにクローゼットの中には、スーツだけでも15着ほどありました。私は数年前、医師のアドバイスに従って、10数キロのダイエットを行ったので、ほとんどが着られません。にもかかわらず、捨てられずに残していたのです。

こんなにモノに執着している自分が人に片づけを勧めることができるのだろうか。そんな思いもあって、靴やネクタイ、スーツを大量に処分することにしたのですが、いずにせよ、一回手に入れたものは誰だって捨てづらいもの。

そのことを自分の身を振り返ることで再認識し、親の気持ちを十分に受け止めながら、片づけを進めるべきだと思います。

第４章

１５００件の片づけをした専門家が教える「内藤式片づけ術」

モノの量に圧倒されるのは、みんな同じです

「一体どこから手を付けたらいいのか…」

遺品整理、生前整理にかかわらず、親の家の片づけをする際に、子どもたちは大抵、このような思いを抱きます。

長年にわたって、実家に蓄えられた、「大量のモノ」に圧倒され、途方に暮れてしまうのです。

台所に足を踏み入れると、とうに賞味期限が切れた食品や調味料の数々。流しの下には、いくつも積み重ねられた鍋やフライパンなどの調理器具の山。

食器棚を開けようものなら、大家族でも使いきれないほどほどの食器がひとしきり並んでいます。幼児用の箸やお茶碗までちゃんと揃っているのだから、子どもたちは思わず叫びます。

「もう孫も大きいのに、なぜ使われることがない、子ども用の食器まで残してあるのよ！　早く捨てなさいよ」

実家にはこれだけのモノが溜まっている

台所だけではありません。

寝室の押入れには客用の布団が４セットも押し込められているし、クローゼットや箪笥には、今は着ていない洋服やハンドバックがぎっしりと並んでいます。

さらに戸袋には結婚式の贈答品、引き出物などが、もらったときのままの状態で山積しています。

そして、本棚には大量の書籍や書類、資料などが詰め込まれています。

リビングボードには趣味でつくった人形がこれでもかとばかりに飾られ、書類棚に目を移せば、請求書や明細書、デパートの包装紙、家電製品の取扱説明書などが大量に保管されています。

子ども時代に使っていた自分たちの部屋に行ってみると、そこは既に物置部屋に変わっています。

もちろん、そこには自分たちが小学生、中学生時代につくった図画工作類、通知表、アルバムなども残っています。

はさみやペンなどの文房具類、爪きりなどは家の方々に散乱しているし、廊下の床上には使わなくなった家具、家電なども無造作に置かれています。

床上に配線が散乱しているものだから、いつ足が引っ掛かって、転倒しても不思議ではありません。

これが一般的な親の家の実情です。

いかに、大量のモノが家の中に散乱しているかが分かるでしょう。

長年、数々の家の片づけに携わってきた立場からすると、このほかに乾電池、包丁、トイレットペーパー、洗剤、爪切り、はさみ、救急箱、調味料、食品油、腕時計、掛け時計なども加えることができると思います。

こんな乱雑な状態の家を前にして、冷静にいられる人なんていません。

「一体、母親（父親）はどうしてここまでモノを溜め込んできたのか、捨ててこなかったのか」

と、怒りすら覚える人も珍しくないでしょう。

さらに、片づけの必要性は感じるものの、

「自分たちは片づけられるのか」

「大変そう」

と尻込みをしてしまうのも当然です。

「量」ではなく「質」の問題だと理解しましょう

もちろん、圧倒的な物量を前に、不安や嘆きの気持ちを感じるのは、ある意味、自然なことでもあるでしょう。

でも、私に言わせれば、親の家の片づけで本当に大変なのは「量」ではありません。もっと大変なことがあります。すなわち「質」の問題です。

親が亡くなったとたん、家の中にあるあらゆるモノが、親の存在を偲《しの》ばせる「遺品」に変わってしまう。「量」にプラスして、悲しみや苦痛という「質」の問題が前面に押し出されてくるのです。

それをいやというほど実感させられるのが遺品整理です。

「何とかしなければいけない」と焦りを感じながらも、葛藤や苦痛が増すばかりで、2年、3年と手を付けられずに、放置せざるを得ないで悩んでいる方々を、私は何人となく見てきました。

遺品整理をする遺族は本当につらいのです。

それと比べると、「量」の問題なんて、さほど問題ではありません。正しい方法で片づければ必ず解決します。尻込みする必要なんてありません。

これからご紹介する「内藤式片づけ術」で片づけられない家はまずありません。

実際、私たちの片づけの手際のよさに、依頼をされる皆さんは一様に驚かれます。続けて、

「片づけとはそのようにやるのですね。私でもできそうに思えてきました」

とおっしゃいます。

そうです。片づけにはコツとノウハウがあるのです。そして、それは誰にでも参考にできるものなのです。

親の家の物量の多さに圧倒されて、

「そのうち、片づけよう」

なんて、後回しにしたらいけません。

いつ何時、その膨大な量のモノが、遺品に変わってしまうのか、誰にも予想がつきません。しかし、その時期が来てしまってからでは遅いのです。

言葉に尽くせない苦痛が待っています。だからこそ、親が健康なときに片づけを

始めることが必要なのです。

親の家を上手に片づける、具体的なノウハウに入る前に、必要な準備事項について確認しましょう。

はじめに確認しなければいけないことがあります。

あなたが片づけようとしているのは、あなたの家ではなく、親の家であるということです。まず、この当然すぎるほどの事実を胸に刻んでおかなければいけません。

すなわち、片づけの主人公はあくまでも親であり、あなたではありません。

言い換えれば、親の家を片づけるためには、親の理解や同意が欠かせないということです。

何を残すか、何を処分するか、その判断もあなたが勝手にしてはいけません。親の意見に基づいて行わなければならないのです。

すでに説明したように、親はもともと片づけに積極的ではありません。

年齢を重ねれば重ねるほど、現状を変えることは面倒と考えがちで、片づけ自体もできれば避けたいことなのです。

親の存在を軽く扱って、強引に事を進めようとしたら絶対に失敗します。

こんなケースがありました。

「実家の片づけをしたいのだけど、80代の母親が拒んで困っている。でも、第三者が入れば母親の考えも変わるはず。皆さんの力で片づけてほしい」

そういう依頼を受けて、ある現場を訪れたことがあります。

しかし、依頼者のお母さまに、

「私の目の黒いうちは誰もこの家に入れない。片づけをさせない」

と強く拒否され、私たちは作業を行うどころか、家にも入れさせてもらうことができませんでした。

片づけには親の納得が不可欠だという好例です。自分たちでは、にっちもさっちもいかないから、業者の力を借りようとしても、前に進むはずはないのです。

片づけが劇的にはかどる「4つの心構え」

このことを踏まえて、家の片づけをするために、子ども世代はどのような「心構え」で臨むべきか、詳しく見ていきます。これまでの説明と重なる部分もありますが、おさらいの意味を含めて確認しましょう。

心構え①「まずは親の心を開くことから」

唐突に「片づけをしよう」と話を切り出しても、子どもからの説得に素直に応じる親なんていません。

はじめは気持ちを開いてもらうことから始めなければいけません。そのためには、子どもたちは聞き役に徹することが肝心です。声高に自分の主張をするのではなく、まずはじっと耳を傾けましょう。

第3章でご紹介したように、写真を見ながら、あるいは親の自分史を作成することを名目に、親に思い出話を語ってもらうのも有効です。

それに加えて、ぜひお勧めしたいのが、

「常にお母さん（お父さん）のことは、気に掛けているよ。心配しているよ」

というメッセージをさり気なく発すること。

「自分たちのことを考えて、子どもたちはいろいろしてくれるんだな。ありがたいことだな」

という気を起こさせれば、親は片づけに同意してくれるし、その後の作業もスムーズに進みます。

心構え②「片づけは親のため」

いざ、遺品整理となると、遺族は大変な苦労を経験します。

それが分かっているからこそ、

「生前から片づけをしておきましょう」

「そのために親を巻き込みましょう」

と、私は強調するわけですが、そうすると、

「片づけは自分（子ども世代）のために行うもの」

と思われる方もいるかもしれません。

しかし、その意識を前面に出してはいけません。

「私のためにも片づけに協力して。お母さんが死んだら、私が苦労するのよ」

なんてことは、口が裂けても言ってはいけません。

「結局、この子は自分のことしか考えていない。親のことなんかちっとも考えてくれていない」

と、とたんに親は失望し、心を閉ざしてしまいます。

実際、片づけによってメリットを受けるのは、子どもだけではありません。

むしろ、一番利益を得るのは、快適になった部屋で暮らす親なのです。

「親をこんなに乱雑な家で過ごさせていいのか」

「子どもとして見過ごしていいのか」

そんな気持ちで片づけに臨むべきです。

心構え③「親の日常を把握する」

子どもは実家が乱雑な状態になっているのを見て、驚きます。親の変化に言葉を失います。加えて、親の日常生活について、自分たちは驚くほど知らないことに気が付きます。
・趣味は何なのか。
・ご近所とはどういう人間関係を築いているのか。
・食事はちゃんとつくっているのか。
まったく知らない自分に呆然とします。そして、いかに、これまで親とコミュニケーションを取っていなかったかを思い知らされるのです。

子どものなかには、

「お母さん、何で、いろいろ私たちに相談したり、報告してくれないのよ」

と不満を覚える人もいるかもしれません。

しかし、責任はそれまで積極的にコミュニケーションを取ろうとしなかった子どもの側にあります。

子どもから積極的にコミュニケーションを取り、親をサポートする姿勢を示すことが重要なのです。まずは、子どもは親が何に困っているのか、それを聞き出す役目があるということも肝に銘じておいてください。

特に大事なことは、親が自分の家について、何か不満や心配事を抱えていないかをさり気なく探ることです。もし、それが分かれば、その不満や不安を、片づけを通して改善できないか考えてみましょう。

実際、片づけを進めることで、親の不安の解消につながったり、毎日の生活が快適になる例はよくあることなのです。

事実、親もその効果を実際に理解すれば、

「片づけって大事なことなんだな。いいものなんだな」

と実感するようになります。そのように実感させられればしめたもの。どんどん片づけが前に進んでいきます。

同時に、帰省した折などに、親が嫌がらない程度に家の中もチェックしましょう。親が転倒したりする可能性はないか、生活をする上で危険な箇所はないか、十分に観察して、その後の片づけに生かしていくのです。

心構え④「子どもはコーチ役に徹する」

片づけを行うに当たっては、親の語ることに常に耳を傾け、尊重する姿勢が欠かせません。

これは大前提ですが、その一方で、親の主張に流されてもいけません。矛盾するようですが、ここは大事なポイントです。

「片づけなんか面倒。やりたくないのよ」

なんて言われて、すごすごと引き下がるようでは、物事は前に進んでいきません。

私は生前整理を行うに当たって、子ども世代は「コーチ役」に徹するべきだと思います。つまり、ゴールへの導き役です。

親がよりよい環境で暮らすことができるよう、サポートし、片づけを進めて、スケジュール管理もする。これが子どもの役割です。その意味では親をうまく誘導していくことも必要でしょう。

その前提として欠かせないのが、親へのリスペクトと、提案力です。

親の意志に十分に配慮し、プライドを傷つけてはいけません。マイナスの言葉は厳禁です。心身ともに衰えが見えてきた親を受け入れながら、片づけの完了という最終地点にまで作業を進めていくことが求められているのです。

だからこそ折を見て、

「何か日頃から困っていることはない？」

「何でも相談して、一緒に解決策を考えようよ」

そう提案をして、片づけを進める環境づくりを行うことが肝心なのです。

親が「納得せざるを得ない」魔法の言葉

なかには、どうしても片づけに同意しない親もいるかもしれません。

そんなときに役立つ説得法を２つご紹介しましょう。

①「地震が起きても大丈夫な部屋にしておこうよ」

日本は災害大国です。いつ地震が発生し、被害をこうむるか分かりません。そのことを端的に示したのが東日本大震災でした。

あの震災は、高齢者のマインドも大きく変えました。

「地震に備えなければいけない」

という気持ちを強く植え付けたのです。ここに片づけのニーズがあります。

高齢者の家を、災害という視点で眺めてみましょう。いざ大きな揺れが発生すると、箪笥の上にあるモノや戸袋などから、大量のモノが落下してきます。さらに、それらのモノが散乱すれば、親が避難できなくなるかもしれません。

だからこそ片づけは欠かせません。

そのことを、きちんと説明することで、親も片づけの必要性を認識するでしょう。

②「お母さんが転んでけがをしちゃうんじゃないかと、いつも心配なのよ」

緊急搬送される都内の高齢者のうち、約8割を占めるのが「転倒」です。さらにその転倒場所を調べてみると、そのほとんどが居住空間であると言われています。

つまり、家の中は実は、高齢者にとってけがをするリスクの高い場所でもあるのです。特に高齢者の家は、床上に大量のモノが散乱しています。転倒の危険性を軽減するためにも、親の家の片づけは不可欠です。

この点も分かりやすく説明しましょう。

大事なのは「何を」「どこまでやるか」という計画

それでは次に、片づけの作業工程について見ていきましょう。

一言で片づけといっても、いきなり片づけ始めるのは効率的ではありません。

「内藤式片づけ術」は段取りを重視します。

一般のビジネスでもＰＤＣＡシステムが重視されますが、片づけにおいても、まずは目標や計画の立案が必要です。

では、どのような目標を設定すべきか。

繰り返しますが、私がさんざん、

「亡くなったときに苦労しないように、生前整理は大事ですよ」

と強調しているからといって、自分本位の目標を立ててはいけません。

親の家の片づけはあくまでも親子の共同作業なのですから、共通の目標を立てる必要があります。

そのためにも、

「お母さんは家を片づけたら、何をしたい？」

という形で、まずは片づけ後の生活をイメージしてもらいましょう。

「今は家が汚いから人を呼べないけど、ぜひお友だちを家にご招待したい」

「孫に頻繁に来てもらいたいから、孫が寝起きできるスペースを確保したい」

「地震が来てもモノが落ちてこない家だと安心ね」

こういった前向きな言葉を引き出して、それを全体の目標（最終ゴール）に位置付けます。

さらに、もう少し踏み込んで、どこを中心に片づけ作業を進めていくのか。家全体を片づけるのか、まずはリビングに限るのかなど、ざっくりとした計画を立てます。片づけ作業全体をマネジメントするという発想です。

そうした大まかな計画ができた時点で、今度はさらに細かく考えていきます。

「当日」は、何をどこまでやるかという計画です。

詳細な計画を立てることで、意欲もわいてくるし、それをクリアすることでさらにモチベーションがアップします。

事前の下見は「量の把握」だけに徹すること

その後には現状把握、すなわち下見を行います。私たち、プロの整理業においても、いきなり現場での作業を行うことはありません。

まずは電話などでお問い合わせをいただき、整理する場所のご住所、簡単な状況（戸建てかマンションかなど）などをお聞きした後、必ず現地を訪問し、現場の状況と物の量の確認、残すべき遺品の確認、当日の作業手順の説明を行います。

これがいわゆる下見です。

遺品整理が引っ越しと異なるのは、どの品目がどれくらいあるのか、誰も正確なことを分からない点にあります。そのため、あらかじめ現場を確認しないと、予期せぬ物が出てきて、トラブルのもとになりかねません。

したがって、下見という形で実際に物の量などを確認し、その上で見積書を作成します。

併せて、私が整理を行う際に必ず行うのは、

「何か気になることはありますか？」

「探してほしいモノはありますか？」

という質問です。

これに対し、

「親父が使っていた預金通帳が見つからないんですよ」

とお答えになられたら、通常の作業と並行して、ある程度目星をつけながら、通帳探しも行います。目的意識を明確にして作業を進めるのです。

効率性ばかりを追求して、一切合財、処分してしまう同業者もありますが、私たちは逐一、依頼者に確認を取りながら片づけていきます。

ご家族で片づけを行う際にも、下見は欠かせません。

私たちはプロですから、一見すればどういうモノがどれだけあるのか、大体の見当がつきます。

しかし、作業に慣れていない場合は、記録に残すところから始めるのが大事です。

片づけをする前に、現状の把握として、どんなモノがあるのかをメモして、ある程度「見える化」していきます。

すべてはメモできないでしょう。

視界に入る、代表的なモノで結構です。

そして、それをもとに、何を残すか、捨てるかをあらかじめ考えておきます。

作業をしながらその都度判断すればいいのでは、という意見があるかもしれませんが、それはお勧めできません。

片づけ作業中に、ひとつひとつのモノに対して、

「これは捨てようかな。いや、残しておこうかな」

と頭を巡らせているといくら時間があっても作業は終わりません。

さらに、作業中は冷静さを欠いている場合もあるので、捨ててはいけないものをうっかりと処分してしまう危険性もあります。

その意味でも、あらかじめ、何を残し、何を処分するかを考えることが意外に早道で有効なのです。

あなたの「質問次第」で仕分けがスムーズに

もちろん、こうした捨てる、捨てないの判断も、親の意見がもっとも重要な判断基準になります。

ただし、聞き方は要注意です。

親の気持ちに寄り添った聞き方をしなければなりません。

「何を捨てますか？」

というようなダイレクトな質問は避けましょう。

親は「捨てる」という言葉には敏感です。喪失感を覚え、心の中にある不安や葛藤が表に出てしまえば、作業が頓挫してしまう可能性もあります。

そこで言い換えが必要です。

「何を捨てますか？」→「どれを持っていきましょうか？」

「残したいものは何ですか？」→「何が気に入っていますか？」

このように言い換えてみることでスムーズに進みます。

ご紹介したい事例があります。

数年前、90歳近くの方の家の片づけの依頼を受けたことがあります。依頼者は姪御さんでしたが、お宅にうかがってみると、モノは思っていた以上に少なくて、驚いた覚えがあります。

聞いてみると、長い時間を掛けて、半分以上のモノを捨ててきたとのことでした。この姪御さんは大学時代に心理学を勉強したようで、とりわけ質問の仕方には常に配慮されてきたのだそうです。

つまり、相手（この場合は叔母）が、どのように感じるかを考えながら、質問を工夫したことが奏功したとおっしゃっていました。

例えば、古いミシンがあったとします。

普通なら、

「もう古いし、使わないのだから、捨てましょうね」

とでも言うところでしょう。

でも、この方は、

「このミシンで、どういうものをつくられたんですか。この先もいろいろお作りになればいいですね。このまま取っておきましょうか」

と聞いたところ、すると、叔母のほうから
「もうミシンを使うこともできないから、捨てたほうがいいね」

とお答えになられたとのこと。

このようにプラスの言葉を発することで、逆に相手から「捨てる」という言葉を引き出していったようです。

実際、この依頼者も言っていましたが、「捨てましょうか」と言われると、抵抗したくなるのが人情です。

しかし、

「そのままでいいですか」

「残しましょうか」

と言われると、捨ててもいいかなという気になるようです。

片づけを行うに当たっては、こうした言葉遣いの配慮も重要です。

モノを「この3つ」に分類すれば片づけに悩まない

このようにして、親の意向を聞いていっても、なかなか親は捨てる判断を下せないことがあります。そこで、大まかなルール、線引きを決めることが重要です。

私がお勧めしているルールはモノを大まかに3つに分類することです。すなわち、

①絶対に残しておくべきもの
②捨ててもいいもの
③今は判断に困るもの

に仕分けます。

①の**「絶対に残しておくべきもの」**とは、捨ててしまったら、後で実際的に困るものです。預金通帳、有価証券関係の書類、貴金属、印鑑、家の登記権利書などがこれに当たります。

さらに、親にとって特に思い出深い品、好きな品、こだわりがある品、執着を示している品も残しておきましょう。

②の**「捨ててもいいもの」**に関しては、次のような３つの基準を重視します。

- ３年間、身につけていなかった衣類
- ５年間、手に触れなかったもの、視界に入らなかったもの
- 押入れ、戸袋など、段ボールに入れられたまま未開封のもの

これらは、その後の生活でもまず１００％使用されることはありません。

したがって、処分しても暮らしの中で困ることはありません。この中で、どうしても捨てたくないものがあれば、それは残しておけばいいのです。

どうしても残すか、捨てるかの判断がつかないものも出てくるでしょう。

そういうものは、③の**「判断に困る品」**として、段ボールに入れるなどして、残

しておけばいいでしょう。

遺品整理の場合は、時間も限られていますから、「大量のモノを捨てる」ことが作業の中心になります。

しかし、生前整理の場合は、別に捨ててしまわなくても構いません。親が捨てたくないと思っているものを、強引に捨てようとすれば親子げんかが起こります。

実際に、それが原因で片づけ自体が断念せざるを得ないケースもあるのです。

捨てられないものは、残しておく。実際に使わないにしても、保存しておくだけで親は安心します。

「絶対に残しておくべきもの」ではないわけですから、もし親が亡くなった場合には、そのまま廃棄することができます。

こうした判断もすべて紙にレコーディングしておきましょう。

例えば、玄関、リビング、廊下、個室、キッチン、クローゼット・箪笥、押入れ、洗面所・トイレ・バスなど、それぞれの場所ごとのチェックシートを用意して、親と話し合いをしながら、そこに物の名前と判断（○、×、△を記入）を書き入れていってください。

親の家を片づける手順

片づける目的を親子で共有する

（何のために、誰のために片づけるのか）

↓

モノの現状を把握する

（どこに、誰のものが、どれだけあるか）

↓

モノを３つに分類する

（絶対に残すもの、捨てていいもの、判断に困るもの）

↓

片づける順番を決める

（どこから作業に取りかかるか）

↓

片づけの期限を決める

（何を、いつまでにやるか）

↓

作業に取りかかる

片づけのプロは○○から作業を始める

それでは実際の片づけ法について紹介しましょう。

最低限用意すべき掃除道具は、軍手、マスク、ごみ袋、段ボールです。

内藤式片づけ術には、ひとつの原則があります。それは、

「低いところから高いところへ」

低い、高いというのは、目線の位置。まずは目線の低いところ、つまり床上から始めて、机の上、箪笥の上と片づけていきます。

箪笥の中、クローゼットの中は、その後に行います。

なぜ、床上から片づける必要があるのか。

それは床上に物が散乱していれば、作業中に足が取られて危険だからです。

特に危ないのがポットやこたつなど家電製品のコード類。足が引っ掛かってけがをする恐れもありますから、片づけを行う際には、まずコンセントからコード類を外します。

部屋中ごみだらけで、足の踏み場もない。

そんな部屋もあるかもしれません。

そうした場合でも、まずは自分の足元から、つまり、目の前の1畳分を片づける。そこが終われば、隣の1畳分を片づける。というように、畳1畳を目安に片づけていくことで、片づけの領域を段々と増やしていきます。

要はスペースを確保しながら前進するという考え方で、片づけを進めていくのが内藤式です。

片づけの仕方も難しいことはありません。

下見の段階で、何を残すか、残さないかの判断はついていますから、悩む必要はありません。親の家の地域のごみの分別（通常は燃えるごみ、不燃ごみ、資源ごみです）にしたがって、それぞれごみ袋を1枚ずつ用意して、処分すべきものはごみ袋に入れていきます。

内藤式片づけ術では、段ボールも用意し、「判断に困るもの」はこの中に入れます。下見の段階では、すべてのものについてジャッジできているわけではないでしょう。

さらに、家の中には文房具、あるいは郵便物などの書類関係も散乱しています。

そうした、細かいものに関しては、その場でいちいち判断せずに、とりあえず段ボールの中に入れてしまいます。

最終的な仕分けは、まわりが片づいた段階で、段ボールの中から取り出して行えばいいのです。

床上の片づけをすべて行ったら、今度は机、テーブルの上に置いてあるものを同じ要領で片づけます。視野に入ってくるものがどんどんきれいになってくるので、片づけを行うあなたのモチベーションも不思議なほど上がっていきます。

それが終わると、こたつなどは足を外して部屋の隅や廊下に移動します。床上が片づいているため、移動するだけのスペースは十分にあるはずです。

次に、箪笥の上にあるものを下ろして、同様に片づけていきます。

それが終わった段階で、今度は箪笥の引き出しも引っ張り出して、あらかじめ決めた通りに、捨てるべきものはゴミ袋に、残すべきものは段ボールに入れます。

すでに足元がきれいになっているため、箪笥の中身を一度、床上に出して作業することもできます。

これが片づけの基本形です。片づけの最中では、あれこれといろいろなことが気になって、注意力も散漫になりがちです。

しかし、迷ってはいけません。ブレてはいけません。

原則通りに行うことが重要です。おさらいしましょう。

①「低いところから高いところへ」を原則に、床上を片づけてスペース確保（１畳ずつ片づけていく）。

②「机の上、テーブルの上」↓「箪笥の上」↓「箪笥の中」というように、順番通りに片づけていく（箪笥の中は床上が片づいた後が基本）。

③段ボールに入れた品を仕分ける。

④最後に、その日の作業が終了した時点で、掃除機をかけ、水拭きをするなど、念入りに掃除をする。

この原則に従うのが、いちばんの近道だということを忘れてはいけません。

もっとも「効率の良い」順番を知る

「家の中のどこから手を付けたらいいのか」

このような質問をよくいただきます。

次ページに掲げたのは、一般的な３ＬＤＫのファミリータイプのマンションの間取りです。皆さんなら、どこから片づけますか。

私は玄関から始めることをお勧めしています。玄関は空気が出入りする場所。ここをきれいにすると家全体の空気の流れがスムーズになり、よどみがなくなります。

さらに、玄関は家族だけではなく、近所の人など、多くの人が目にする場所です。ここを片づけることで、ガラッと家の印象も変わります。

つまり、片づけの効果がもっとも高い場所が玄関というわけです。

加えて、玄関が乱雑だと、いざ災害が起こったときなど、スムーズに外に出られません。また、家でけがをしたときなど、救急隊員が入ってくることなども想定して、まずはここをいち早くきれいにします。

玄関から片づけると作業効率が上がる

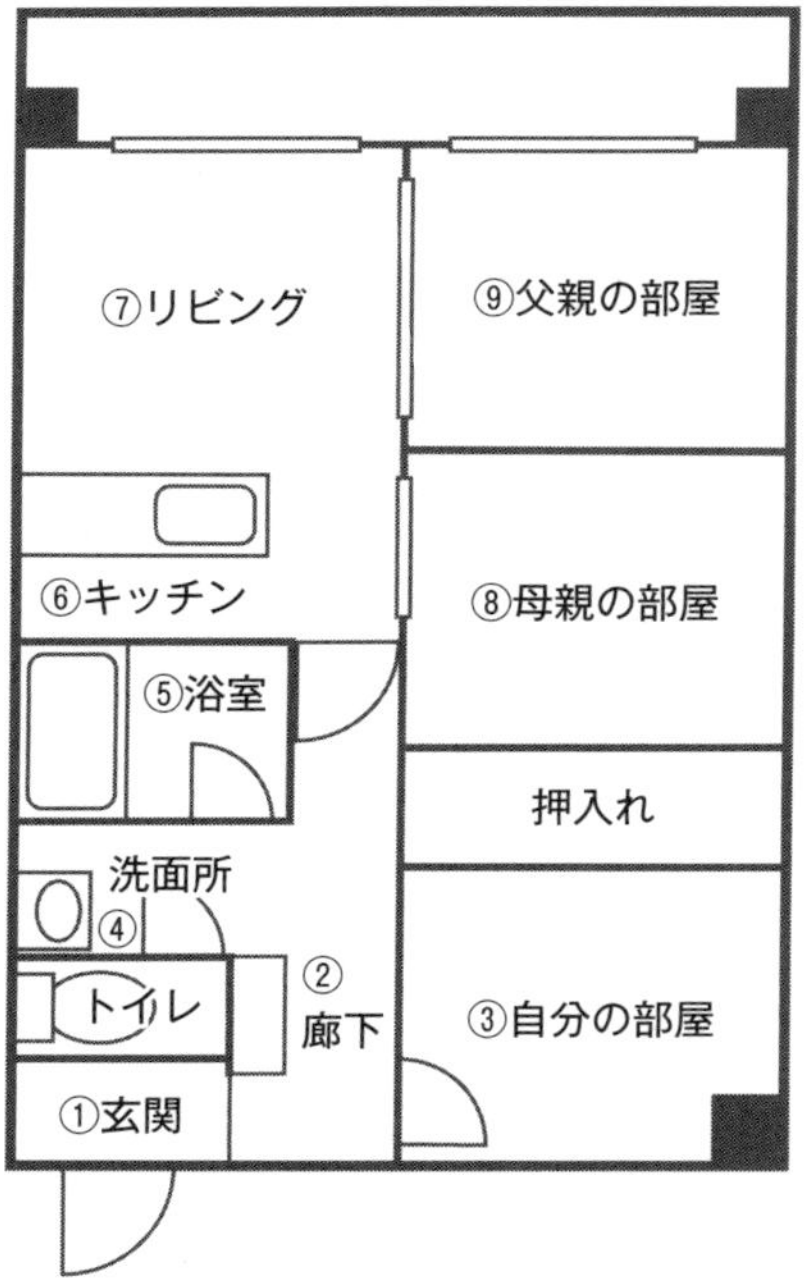

【片づける順番】

①玄関 ➡ ②廊下 ➡ ③自分の部屋 ➡
④トイレ・洗面所 ➡ ⑤浴室 ➡ ⑥キッチン ➡
⑦リビング ➡ ⑧母親の部屋 ➡ ⑨父親の部屋

次に片づけたいのは、廊下です。廊下は玄関と同様に、モノの通り道です。片づけをする際には、モノを一時的に移動しなければならないケースも出てきます。その際に、玄関や廊下にモノが散乱していると、足が取られて危険ですし、作業が停滞してしまいます。

廊下のスペースを十分に取ることで、動線が確保され、家全体の片づけも進みやすくなるのです。このように基本通りに、スペースを確保しながら片づけていきましょう。

さらに、こうした視界に入りやすいところがきれいになると、視覚的にもすっきりしてきます。片づけるあなたにとっても、成果が目に見えますから、気持ちもラクになってきます。ここも例の通り、ごみ袋と段ボールを用意して、片づけ作業を進めていきます。

廊下の後にぜひ進めたいのが、子ども時代に使っていた自分の部屋の片づけです。いきなり親の部屋やリビングなど、親が普段から使っている場所を片づけるのは、ハードルが高い。

さらに、これらの部屋には、親にとってこだわりのモノ、執着が強いモノがたくさんあります。

まずはほかの部屋を掃除して、片づけの効果を実感してもらった上で、片づけるほうが適当です。その意味でも、子ども部屋はうってつけの場所なのです。

その後は、トイレや浴室、台所などの水回り、そして、リビング、両親の寝室というように進めていきましょう。

スペースごとの片づけ法を教えます

それでは、スペースごとの片づけ法について詳しく見ていきましょう。

【玄関】

想定されるモノ――靴、傘、傘立て、靴べら、スリッパ、スリッパ立て、シューズボックス、玄関マット、花瓶、空箱

・玄関にはビニール傘も含めて、大量の傘が10本単位で残ってます。不要な傘はガムテープで巻いてひとまとめに。
・下駄箱の上には、チラシ、空箱、花瓶、シューズボックスなど、大量のモノがあります。ここをきれいにするだけで、見た目がぐっと変わります。
・下駄箱の中には、履かない靴が多量にあります。外出用、普段履き、長靴など、種類ごとに、捨てるもの、残すものを区分しましょう。靴はなるべく、下駄箱の中に収納します。
・床上にも大量の物が散乱しがち。玄関はモノを運び出すことが多いので、安全のためにも、すっきりと片づけを。

【廊下】

想定されるモノ――壊れた家電品、新聞紙、雑誌類、古い家具、チラシ類、掃除機、工具類、生活消耗品

・廊下には不用品がたまりがち。不要な物は処分します。
・家の片づけをするに当たって、廊下は重要な空間。個室の物を一時的に廊下に移動することで、作業効率はぐっと上がります。そうしたスペースを確保するためにも、片づけ後は床上に何も置かないこと。

【昔の娘の部屋】

想定されるモノ——学習机、子ども時代の物（ランドセル、学習鞄、図画工作品）、昔着ていた衣類、家の中のさまざまな不用品

・基本に忠実に、「低いところから高いところへ」を原則に、床上を片づけてスペース確保していく。
・子ども時代のモノも、捨てるか、残すか判断し、残すものはできれば自宅へ。
・昔の子ども部屋は、物置部屋に化しているケースも。不要な物は処分します。

【トイレ・洗面所・バス】

想定されるモノ——トイレットペーパー、掃除用具、芳香剤、マット（以上、トイレ）、タオル類、脱衣かご、歯ブラシ、洗濯洗剤、整髪料、バスマット、ブラシ、カミソリ・シェーバー、入れ歯容器、ドライヤー（以上、洗面所）

・親世代はトイレットペーパーや洗濯洗剤などを買いだめする傾向があります。ストックの量を見て購入する癖を。
・洗面台に複数の整髪料などが放置されているケースも。必要なものは何か、まずはしっかりと仕分けて、不要なモノは処分を。
・脱衣かごや洗濯洗剤など、洗面所の床上にもいろいろなモノが。収納に入れるなどして、床上はすっきりと。
・カミソリは取り扱いに注意を。処分する際には、厚紙などで包み「危険」と表示しましょう。

【台所】

想定されるモノ——賞味期限を過ぎた食品、大量の調理器具（鍋・フライパンなど）、食器類（皿、箸、スプーンなど）、おぼん、水筒、マグカップ、調理家電（トースター、たこ焼き器、ホットプレート）、調味料、家計簿

・台所には大量の食品、調理器具、食器が収納されています。少しずつでも減らす努力を。

・床上にも大量に食品などが放置されているケースも。不衛生な環境ではごきぶりなどが出てくるケースもあるため、床上は徹底的に片づけを。
・親世代にとって台所は女の城。「へそくり」の隠し場所としてもよく使われます。見つけても知らないふりを。

【リビング】

想定されるモノ――書籍、手帳、CD・DVD、ビデオテープ、郵便物、文房具、薬類、家電等の取扱説明書、新聞紙、パソコン、健康器具、趣味の物（人形・絵画）、写真・アルバムなど

・こまごまとしたものは、一度段ボールに入れて、じっくりと仕分けます。郵便物などもあわてて捨てないように。
・特に、写真類は親が亡くなったとき、扱いに困る代表的なモノ。時間があるうちに、親と一緒に仕分けましょう（気に入っている写真を聞いておくと形見分けのときに役立ちます）。
・趣味のモノは、残しておく際にも、特にどれが好きか、気に入っているか、親に聞いておく。

- 使わない健康器具やサイドボードなどは、既に片づけた娘の部屋に一時的に移動。親の同意を得て、粗大ごみで処分を。

【クローゼット・箪笥】

想定されるモノ——スーツ、ネクタイ、ズボン、スカート、着物、毛皮、ハンドバック、防寒具（コート、マフラー、手袋）、下着、帽子、パジャマ、プラスチック製のクリアボックスなど

- 大量の衣類、バック類も、遺品になると扱いに困ります。数を減らすだけでなく、何が好きかを聞いておくべき（着物、毛皮は親の意向を優先に）。
- 服の量を減らすための工夫として、親から服をもらって、自宅で処分するのも手。
- サイズが合わなくなった衣類、3年間袖を通さなかった衣類などは捨てるなど、処分のためのルールを決めると、作業が進む。

【押入れ】

想定されるモノ——冠婚葬祭の引き出物・贈答品、布団、衣類、デパートの紙袋、座布団、雛人形、生活用品、消耗品（タオルなど）、健康器具、家電類、手紙・はがき、絨毯、シーツなど

- 押入れの多くを占めるのが布団。親の同意の上、必要ない客用布団などは処分を。
- 天袋は片づけの中で出てきた「判断に迷うもの」を保存しておくのに最適。
- 壊れた家電、使わない健康器具は娘の部屋に一時的に移動。親の同意を得て、粗大ごみで処分を。

Column 4

急がば回れの精神で片づけを

実家の片づけは長丁場です。特に、生前整理は遺品整理と違って、じっくりと時間を掛けられます。だからこそ、焦りは禁物。

親のペースに合わせて無理のない計画を立てて、もし達成できなくても新たに計画を立て直すぐらいの柔軟さが必要です。

イソップ童話のウサギとカメの話を思い出してください。

最終的に勝ったのは、足が速いウサギではありません。ゆっくりながらコツコツと歩を進めたカメが勝ちました。

私は生前整理を行う場合に、常に強調することがあります。

それは、

「あまり片づけに夢中になってはいけませんよ」

ということです。

つまり、根を詰めていいことなんて何もない。親と会話をしながら楽しく進めてこそ、片づけは成果が出るのです。

だから前のめりになってはいけません。壁にぶつかるときもあるでしょう。そのときこそ、コーチ役のあなたの力量が問われます。どうこの壁を親と一緒に乗り越えるのか、そこにこそ頭を絞るべきなのです。

さらに、中だるみしない工夫も必要。その日の目標が達成できたら、親の頑張りをたたえる上でもご褒美をあげましょう。

例えば、外食に行くというのもいいでしょうし、親が映画好きなら、ロードショーの鑑賞にくりだすのもいいでしょう。温泉好きなら、近所のスーパー銭湯で疲れた体を癒すのも効果的です。

親や自分のモチベーションを維持する工夫をぜひお考えになってください。

第5章

遺品整理のプロが答える「片づけ&遺品整理」Q&A

Q1

自分が住んでいる地域のごみの分別は「可燃ごみ」「不燃ごみ」「資源ごみ」の3種類です。この分別で親の家も片づけて大丈夫でしょうか。

A

ごみの収集は市区町村の事業で、それぞれルールを定めており、市区町村によって微妙に異なります。つまり、ご実家ではあなたがお住まいの地域とは異なるルールを採用している場合もあるのでチェックが必要です。

例えば、多くの自治体では「可燃ごみ」「不燃ごみ」「資源ごみ」の3分別を基本としていますが、東京都・港区ではこの3つに加えて「資源プラスチック」という区分けも課しています。

また、それぞれの収集日についても確認して、間違いがないようにしましょう。

Q2

親の家の片づけを行ったら、家具類など、大きなゴミが出てきました。粗大ごみとして出そうと思いますが、粗大ごみには定義があるのですか。

A

これも市区町村によって異なります。

例えば、東京都港区では概ね30センチ以上（180センチを超える場合は収集不可）が粗大ごみですが、さいたま市の場合は「最大の一辺又は直径が90センチ以上2メートル未満のごみ」と定義づけられています。

さらに、粗大ごみの料金表も市区町村によってまちまちです。


なお、粗大ごみは、市区町村の受付窓口に電話で申し込みをして、処理券を購入し、そこに必要事項を書き入れ、粗大ごみに貼って、指定の場所に出すというのが一般的な出し方です。


片づけを行うと、不要な家具類、健康器具など、大きなゴミも出てきますが、自治体の粗大ごみを利用するのが、いちばんお得です。

次ページに掲載した港区の粗大ごみ料金表をご覧いただければお分かりの通り、どんなに高くても1800円以内。

「これでも高いな」と思われる人もいるかもしれませんが、これは破格の安さです。

例えば、私たち民間業者が大型家具などを処分する際には、こんなに安い価格は

	品名		手数料（円）
た	台	最大辺１ｍ未満	300
		最大辺１ｍ以上	700
	台車		700
	タイルカーペット（１束５枚まで）		300
	高枝鋏み		300
	たたみ（１畳）		1000
	建具	アルミサッシ・ガラス戸を除く	300
		アルミサッシ・ガラス戸	700
ち	チャイルドシート（ジュニアシートを含む）		300
	茶箱		300
つ	机	両そで机	2500
		両そで机以外	1000
て	ﾃｰﾌﾞﾙ・座卓	最大辺 1m 未満、ｶﾞﾗｽ製天板除く	300
		最大辺 1.5m 未満、ｶﾞﾗｽ製天板除く	700
		最大辺 1.5 m以上、ｶﾞﾗｽ製天板除く	1000
		ｶﾞﾗｽ製天板で最大辺 1m 未満	700
		ｶﾞﾗｽ製天板で最大辺 1m 以上	1000
	ﾃｰﾌﾞﾙの天板	最大辺 1m 未満、ｶﾞﾗｽ製を除く	300
		最大辺 1.5m 未満、ｶﾞﾗｽ製を除く	700
		最大辺 1.5m 以上、ｶﾞﾗｽ製を除く	1000
		ｶﾞﾗｽ製で最大辺 1m 未満	700
		ｶﾞﾗｽ製で最大辺 1m 以上	1000
	手提金庫		300
	鉄板類（アングル、アルミ板、スチール板等）		300
	テレビ台	幅 1m 未満	300
		幅 1m 以上で天板がｶﾞﾗｽ製	1000
		幅 1m 以上で天板がｶﾞﾗｽ製以外	700
	電子レンジ		300
	電話、FAX		300
	電話台		300
と	トースター		300
な	長いす		700
	鍋（圧力鍋、中華鍋、寸胴鍋等）300		300
に	乳児用品（ベビーベットを除く）		300
の	乗り物玩具		300
は	パイプ類		300
	バケツ		300
	箱物家具（たんす、食器棚、カラーボックス等）	高さと幅の合計が 135 ｃｍ以下	300
		高さと幅の合計が 180 ｃｍ以下	700
		高さと幅の合計が 270 ｃｍ以下	1000
		高さと幅の合計が 360 ｃｍ未満	1800
		高さと幅の合計が 360 ｃｍ以上	2500
	はしご		300
	パソコンケース		300
は	パソコンラック		700
	パネルヒーター		700
	パラソル		300
	ハロゲン温風ヒーター		300
	ハンガーラック	高さ 1m 未満	300
		回転式または高さ 1m 以上	700
ひ	ビールケース・酒ケース		300
	ビデオデッキ（ＤＶＤプレーヤー、レコーダーを含む）		300
ふ	布団（掻い巻き、夏掛け、毛布、電気毛布）		
	布団乾燥機		300
	ブラインド（180cm 以下）		300
	プラスチックケース		300
	プリンター（家庭用）	高さ 20cm 以下	300
		高さ 20cm 超 30cm以下	700
		高さ 30cm 超	1000
	風呂ふた		300
へ	ベット	ベットマット	1000
		シングルベット（ベットマットを除く）	1000
		セミダブルベット（ベットマットを除く）	1800
		ダブルベット（ベットマットを除く）	1800
		二段ベット	2000
	ペット用品（ペット小屋を除く）		300
	ベビーカー		300
	ベビーバス		300
	ベビーベット（ベットマットを除く）		700
	ベビーベットマット		300
ほ	ホームベーカリー		300
	ポット		300
	ホットプレート		300
	ポリ容器（ポリタンク）		300
ま	ﾏｯｻｰｼﾞ器（座いすﾀｲﾌﾟを含む）		300
	マッサージチェアー（座いすタイプを除く）		1000
	マットレス（磁気入りマットレスを含む）		300
	松葉杖（２本まで）		300
み	ミシン	卓上式	700
		卓上式以外	1800
も	物干し竿（180cm 以下）		300
	物干し台（１個）		700
ゆ	湯沸し器		700
ら	ラジカセ		300
	ラック（スリッパラック、ベビーラック等）		300
	ランニングマシン		1800
り	旅行かばん		300
れ	冷風機		700
ろ	ロールカーテン		300
わ	ワープロ		300
	ワゴン		300

港区の主な粗大ごみ料金表

長さが 180cm を超える場合は原則として収集できません。

平成 25 年 10 月 1 日現在

	品名		手数料（円）
あ	アイロン台		300
	アコーディオンカーテン		700
	アンテナ（ＢＳアンテナ等）		300
い	衣装箱（衣装ケース）		300
	いす（ソファー以外）		300
	板類一束（ガラス板、鉄板類を除く）		300
う	植木・植木鉢（土は除く）		300
	ウォシュレット（簡易便座）		300
	ウッドカーペット	6畳未満	700
		6畳以上	1000
お	オイルヒーター		700
	オーディオ機器（カラオケ、スピーカーを除く）		300
	オーブン		300
	オーブンレンジ		300
	オルガン（ｴﾚｸﾄｰﾝ、電子ﾋﾟｱﾉを含む）		1800
	温風器（電気温風ヒーター）		700
か	カーテンレール（１８０cm 以下）		300
	鏡・姿見		300
	額縁		300
	かご（水きりかご、自転車かご等）		300
	傘立て		300
	加湿器		300
	ガスコンロ（ガステーブル）		300
	楽器類（ｵﾙｶﾞﾝ・ｼﾝｾｻｲｻﾞｰを除く）		300
	かばん		300
	ガラス板一束		300
き	キーボード（パソコン用）		300
	ギターケース		300
	キックボード		300
	木箱		300
	脚立		300
	キャンプ用品	いす	300
		テーブル	300
		テント・タープ	300
		野外調理器	300
		いす付テーブル	700
	鏡台	高さ４０cm 未満	300
		高さ４０cm 以上７０cm 未満	700
		高さ 70cm 以上	1000
く	空気清浄		300
	クーラーボックス		300
	クッション		300
	車いす（電動車いすは清掃事務所へ）		700
こ	小型調理器		300
	黒板・コルクボード、ホワイトボード（家庭用）		300
	こたつ	家具調電気こたつ（こたつ板を除く）	700
こ	こたつ	家具調電気こたつ以外（こたつ板を除く）	300
	こたつ板		300
	子供遊具	ブランコ、すべり台を除く	300
		ブランコ、すべり台	700
	コピー機（家庭用）		1000
	ごみ箱		300
	米びつ		300
さ	ゴルフセット（バックとクラブ 14 本まで）		300
	座布団（５枚まで）		300
	サマーチェアー		300
し	敷物・ホットカーペット	一畳以下	300
		一畳を超えるもの	700
	自転車	16 インチ未満	300
		16 インチ以上	700
	シュレッダー	高さ 60cm 未満（家庭用）	300
		高さ 60cm 以上（家庭用）	1000
	浄水器		300
	照明器具		300
	除湿機		300
	食器乾燥機		300
	食器洗浄乾燥機		1000
	ショッピングカート（キャリーカート、シルバーカー等）		300
す	水槽	最大辺５０cm 未満	300
		最大辺５０cm 以	300
	炊飯器		300
	スーツケース		300
	スキー板（ストックを含む）		300
	スキャナー		300
	スコップ・シャベル		300
	すだれ・よしず		300
	ステレオセット	ミニコンポ（幅 80cm 未満）	300
		ミニコンポ以外（幅 80cm 以上）	1800
	ストーブ	ファンヒーター	700
		ファンヒーター以外	300
	スノーボード		300
	すのこ		300
	スピーカー	最大辺 50cm 未満（１個）	300
		最大辺 50cm 以上（１個）	700
	ズボンプレッサー		300
せ	扇風機		300
そ	掃除機		300
	掃除用具		300
	ソファー	一人用	700
		二人以上用	1800
	ソファーベット		1800

つけられません。家具を運び出すだけで、２人の作業員が必要になりますし、周囲を傷つけたりするリスクも生じます。

さらに、民間の処分場に引き取ってもらうにも、相応の費用が生じます。1万2000円はいただかなければ、商売にならないというのが正直なところです。

なお、クルマで地域を回る不用品配収業者もありますが、

「無料をうたっていたのに作業後に料金を請求された」

「見積りより高額な料金を作業後に請求された」（独立行政法人国民生活センター）

といった相談が増えているのでご注意を。

Q3 小型の冷蔵庫を捨てようと思います。粗大ごみで出せますか。

A 出せません。冷蔵庫は、エアコン、テレビ、洗濯機、衣類乾燥機などとともに、家電リサイクル法対象品のため、自治体では回収できないことになっています。

買い替えるときには、新たに購入したお店で引き取ってくれるほか、処分だけしたい場合は、以前に購入した店で引き取りをお願いします。

ほかにも、パソコンは、パソコンメーカーの受付窓口に回収の申し込みを行います。メーカーが不明の際にはパソコン３R推進協会に問い合わせましょう。

さらに、薬品類、水銀、石油類、塗料、花火などの危険物、バッテリー、タイヤ、ピアノ、金庫、レンガ、石など、処理が困難なモノに関しては、回収を拒否する自治体も少なくありません。

Q4

片づけをしていると、現金がよく見つかります。現金がある場所には特徴がありますか。

A

出貴重品の中でも、遺品整理でよく出てくるのが現金。１５００件もの現場を担当してきましたが、現場で現金がまったく出て来なかったのは2回しかありませんでした。

特によく出てくるのが、父親の衣類。男性は上着やズボンのポケットなどにモノを入れてしまう習性があります。私が片づけをする際には、必ず男性の上着やズボンのポケットを調べます。

そのことに初めて気付かされたのは10年以上も前のことでした。たまたまズボンから1万円札が見えて、中をチェックすると5万円が入っていました。

そこから注意をして、スーツの内ポケットなども丹念に調べてみると、1万円、3万円などがあちこちから見つかって、最終的に20万円もの大金を依頼者にご提出しました。

ほかに、現金がよく見つかるのが、旅行ガイドブック。ページの間に挟まるようにして、ぽろっと1万円札が落ちてくることもあります。

旅行先に持って行ったガイドブックにお金を挟めて（いちいち財布から現金を取り出すのが面倒だったのかもしれません）、買い物などをしていたのでしょう。旅行から帰った後、そのことを忘れてしまったのだと考えられます。

結局、貴重品を探し出すには、丁寧に時間を掛けて、探すのがいちばんです。これまでクッキーの空き缶の中に高級な指輪が発見されたこともありましたし、座布団の中に入っていたこともありました。

また、あるときには押入れの下段にあったクリアボックスの中に貴金属が入っていたこともあります。中を見てみると、種類ごとに薬が整理されていて、「飲み薬のボックスかな」と思いながらも、底の方まで探してみると、複数の預金通帳と貴金属が見つかりました。


このように、特に高齢者は空き巣などに備えて貴重品を保管しているものなのです。

一方で、意外に思われるかもしれませんが、金庫の中に貴重品が入っていることはほとんどありません。実際に、依頼者からの求めに応じて、バールで金庫をこじ開けたことも幾度かありますが、登記書や権利書、実印などが入っていたことはあったものの、現金が出てきたことは皆無でした。

なお、私の経験上、貴重品が見つかりやすい場所をランキング形式で掲げました。ぜひ参考にしてください。

【貴重品が見つかりやすい場所】

第1位　桐の箪笥（整理箪笥）の上段部分
第2位　お仏壇の引出しの中
第3位　本棚（もしくは本棚周辺）
第4位　和室にある、三面鏡の引出しの中
第5位　リビングボードの引出し
第6位　押入れ内の上段、そこにある布団の一番下

Q5

亡くなった母から、生前、いざというときのために、家の中に100万円を保管していると聞かされましたが、探しても見つかりません。

A

意識的に隠されたお金、つまり「へそくり」も家の中のいろいろなところに存在します。ちなみに、へそくりを家の中に隠すのは、圧倒的に女性（母親）です。

代表的なへそくりの隠し場所は台所。特に親世代にとっては、台所は女性の城と

いう認識ですから、母親にとっても安心なのでしょう。米びつの底に封筒に入った高額の現金が入っていたときもありました。

ほかの現場では、和室の部屋の三面鏡の引き出しの底に50万円（現金は化粧品の下に敷いてあったチラシで隠されていました）。仏壇の引き出しに50万円が入っていたこともありました。

親の預金通帳を発見して、現金を探した例もあります。その方は亡くなる直前に200万円を引き出していたことが、預金通帳から明らかになりました。

それは2011年の4月のこと。東日本大震災の直後で、いざというときに備えて、現金を下ろされたのでしょう。

このときには、台所に置かれた2メートルぐらいの高さの食器棚の3段の引き出しの中に、それぞれ100万円、50万円、50万円と、計200万円が見つかりました。なお、銀行の袋、現金書留の袋に現金が入っているケースも複数回確認しています。

Q6

亡くなった親の家は賃貸です。引き渡しの時期が迫っていますが、新たにごみを増やさないためにも、早めに郵便ポストを閉じたほうがいいのでしょうか。

A

郵便受けをガムテープなどで閉じてしまう方も少なくありませんが、郵便ポストの閉鎖は、契約のぎりぎりまで待ちましょう。郵便物はいろいろなことを私たちに教えてくれます。

例えば、銀行からの通知などは、故人がその銀行と取引していたことを表す大事な書類ですし、株式会社の事業報告書から、故人がその会社の株主であったことなども分かります。なかには、県の固定資産税の通知により、親が地方に土地を持っていたことを初めて知ったご長男もいました。さらには裁判所からの督促状など、「負の遺産」を疑わせる郵便物などもあります。

家の中に保管されている書類はもとより、新たに送付される郵便物の存在によって、親の暮らしぶり、財産状況を知ることができるのです。

また郵便物を転送してほしいと郵便局に家族が申し出ても、受取人が亡くなっている場合には、転送はできません。したがって、なるべくポストは閉鎖せずに、ぎりぎりまで待って、内容をチェックすることが望ましいのです。

Q7 親が亡くなりました。親の交流関係が分からないので、訃報を誰にお知らせしたらいいのか、見当もつきません。どうしたらいいでしょうか。

A

子どもは親の交友関係を知らないものです。特に、離れて暮らしている場合には、親がどういう人と交流を持っているのか、ほとんど雲をつかむようなものでしょう。

ここでも力を発揮するのが、年賀状、暑中見舞いを中心とした郵便物。故人の交友関係を知る手がかりとなります。

私が遺品整理を担当する場合でも、

「年賀状を探してください」

との依頼を受けることは少なくありません。

ただし、亡くなってから改めて年賀状を探しているようでは、通夜や葬儀に間に合いません。

あらかじめエンディングノートに記入するなり、年賀状などの郵便物を管理しておくなり、事前の準備が必要です。

なお、訃報をお伝えしたいすべての人をノートに記すとなると、やはり大変でしょう。その場合は、交友関係のカギとなる人の連絡先を記載するだけでも十分です。

仕事関係はAさん、趣味関係はBさん、学生時代の友人関係はCさん、故郷関係はDさんという形でキーパーソンに訃報をお伝えすることにより、その方から仲間内に連絡をしてもらいます。こうすることで、効率的に親の訃報を伝えることができます。

Q8 押し入れから10冊もの預金通帳が出てきました。手続きの仕方を教えてください。

A

まずは、取引のある金融機関に、名義人が亡くなったことを伝えます。問い合わせのフリーダイヤルがある場合は、そちらに連絡すればいいでしょう。なければ、口座のある支店に電話をします。金融機関はこの段階で、口座の入出金ができないようにします。

手続きは遺言の有無で対応が異なります。遺言がある場合は、その遺言の内容いかんで対応が変わってきますので、金融機関に確認しましょう。

遺言がない場合で、親の口座を引き継ぐ場合、まずは金融機関から相続届、相続依頼書など、所定の用紙を受け取り、そこに相続人全員の住所や氏名の記入、捺印を行い、再度窓口を訪れます。

なお、このとき故人の戸籍謄本、相続人の戸籍抄本、相続人の印鑑登録証明書なども持参します。金融機関では必要書類の確認を行った上で、所定の手続きを行います。手続きが済むまで1～2週間ほど掛かるのが一般的です。

親の口座を引き継ぐ場合には、新たな名義人への書き換え手続きが終わった段階で、取引ができるようになります。このほかに、口座を解約し、指定口座に払い戻す方法もあります。この場合は、手続きが完了したら、解約済みの通帳が郵送され、指定の口座に振り込まれます。

通常、口座がひとつだけという人はいません。転勤があるたびに、口座を開設したり、仕事上の付き合いの関係で、複数の口座をつくらざるを得ない場合もあります。私自身もそうでしたが、ご家族はもとより、本人さえもその存在を忘れている場合も少なくありません。

厄介なのは、ご紹介したような手続きを、口座のある金融機関ごとに行わなければならないこと。かなりの手間と時間を要します。

だからこそ、普段、使用していない口座は解約し、利用している口座に関してもしっかり管理することが必要なのです。

Q9

親の遺品整理をしていたら、日本を代表する画家の絵画が見つかりました。早速、自宅に持って帰りたいのですが、注意すべき点はありますか。

A

高価な遺品を持ち帰ると、財産を相続したと受け取られる可能性があります。相続が始まると、被相続人に所属した財産上の権利、義務をすべて引き継がなければいけません。

そうすると、親に負の遺産、つまり借金などがあった場合、その借金も相続しなければならなくなります。その意味で、安易に遺品を持ち帰らないほうがいいこともあるのです。

もし、明らかにプラスの財産よりも、負の遺産のほうが大きければ「相続放棄」をすればいいということになります。

逆に、負の遺産よりもプラスの財産のほうが大きければ、プラスの財産も負の遺産もすべて引き継ぐ「単純承認」をすればいいわけです。なお、単純承認の場合には特別の手続きをする必要はありません。被相続人が亡くなって3カ月が経過すると、単純承認をしたとみなされます。

一方で、プラスの財産と負の遺産のどちらが多いか分からない場合には、プラスの財産の範囲内で債務を引き継ぐ「限定承認」という方法もあります。この場合は、債務超過があっても、相続人が弁済する必要がない一方で、清算した結果、財産が残れば、相続人が引き継ぎます。

いずれにせよ、個々のケースごとに状況がことなりますので、弁護士など、専門家へ相談されることをお勧めします。

私も父親の財産を相続する際には、弁護士に相談しました。というのも、事業を行っていた父親は、生前、事業資金をねん出するために、手形を振り出したことを私に告げたことがあったからです。

結局、弁護士が金融機関の許可を得て、会社の口座上のお金の動きを確認したところ、負債はない（借金は返している）と確認されたことで、財産を相続することにしました。

Q10

遺品を整理していると、封印のある遺言書が見つかりました。開封してもいいものでしょうか。

A

遺言書は勝手に開封してはいけません。封を切っても、遺言書の効力に影響はないとされていますが、改ざんが疑われる可能性も出てきますし、何しろ、勝手に開封した場合は、5万円以下の過料に処せられることもあります。

遺言書が見つかった場合は、家庭裁判所に提出して、相続人や代理人の立会いの下で、検認手続きを行ってください。

なお、検認とは、遺言書の内容（形状、加除訂正の状態、日付、署名などを含みます）を明確にして、偽造や変造を防ぐための手続きです。有効か無効を判断する手続きではありません。

Q11

義理の母親が亡くなり、私（長男の嫁）が遺品整理を行うことに。親戚間のトラブルなどが出ないようにしたいと思っていますが、アドバイスを！

A

おっしゃるように、遺品整理は長男の嫁に押し付けられがち。兄弟姉妹、親戚が非協力的な場合もあります。だからといって、勝手に片づけを進めようとすると、後で、トラブルに発展するケースもあるので注意が必要です。

遺品整理を私に依頼された方の中にも、ある親戚から、

「何もいらないから、すべてあなたにお任せする」

と言われたにもかかわらず、後日、

「あのテレビはどうした？　お母さんが大事にしていた指輪はどこにいった？」

とクレームを受けたり、

「桐の箪笥を高値で売ったりしなかったか？」

と疑いの目で見られたりと、いろいろ不快なことがあったようです。

なぜ、あらぬ疑いを掛けられるのかというと、結局、一人で片づけを行うからにほかなりません。

トラブルを防ぐためにも、ご兄弟や親戚などに一緒に片づけに参加してもらうなど、多くの人を巻き込むことが重要です。もし、協力が得られなくても、コミュニケーションは頻繁にとりましょう。

あらかじめ、形見の物として残したい物を聞いておく。親族の中に、クレームを言いそうな人がいれば、少々面倒でも、片づけの途中経過も含め、メールなどで情

報を伝えるほか、処分する物について、了承を得る。これだけでも、後のトラブル発生の可能性を減らすことができます。

片づけに関する費用についても、すべて公開したほうがいいでしょう。片づけは往復の交通費から粗大ごみの処理代、業者への依頼など、相応の費用が掛かります。これらも、兄弟親戚に伝え、分担してもらう。

親族から「お金にがめつい」とか、「あの嫁は欲深だ」などと言われようが、そのくらい公明正大であることが、逆にあなた自身を守ることにつながります。

依頼者のなかには、葬儀代も含めて、片づけの費用を一次的に立て替えて、後に故人の財産から建て替え分の費用を穴埋めしたところ、親戚から強く糾弾されたことがあったようです。

この依頼者の行動は、常識的に考えても問題がなかったとは言えませんが、良かれと思ってやったことが、後にトラブルに発展するケースも少なくありません。疑われるような行動は、厳に慎まなければいけません。

Q12
最近、高齢者の「孤独死」が社会問題になっています。私も離れて暮らす親が心配です。

A

誰にも看取られず孤独死する人の数は全国で年間3万近くとも言われています。東京都監察医務院の「孤独死統計」によると、2013年に東京23区で孤独死した人は4515人で、10年前に比べておよそ1・5倍。そのうち、そのうち65歳以上の高齢者が64％とのことです。

他人事ではありません。私も孤独死の現場の遺品整理を行った経験がありますが、もっとも頭を悩ませるのが匂いです。過去の現場で、ゴム手袋を3枚重ねてもしばらくは手の匂いが消えないほどの、強烈な匂いに悩まされたことがあります。ボヤがあると、なかなか焦げた匂いが消えません。同じように、死後一定期間経過した部屋では、木材や鉄筋にしみ込んでいます。内装を取り換えるだけではどうにもなりません。

さらに、集合住宅の場合だと、ひとつの部屋だけを壊して元のように復元するには、数百万円の費用がかかります。さらに、集合住宅だと、匂いが周囲の部屋にもしみ込むためにワンフロア全員が引っ越したというケースもあるほどです。

もし、そうした賃貸住宅の保証人になった場合には、家主からの原状回復費や損害賠償費の請求を受けることになります。

そうした請求に対してどう対応するかは、弁護士などの専門家に相談していただくほかありませんが、事前対策としては頻繁に、電話やメールなどで離れた親とコミュニケーションを取り、日常生活を確認する。これが基本的な対応だと思います。

加えて、離れて暮らす家族のガスの利用状況を、携帯電話のメールやパソコンで毎日知らせてくれたり（東京ガスの「みまも〜る」）、電気ポットの使用頻度から生活状態を家族にメールで伝えたり（象印マホービンの「みまもりほっとライン」）、スタッフが、利用者宅を訪問し、日常生活の様子を確認する（セコム「お元気訪問サービス」）など、各社からさまざまなサービスも提供されています。

さらに、自治体においても、郵便や新聞、ガス、配食などの業者と連携し、配達スタッフが高齢者の家に異変を感じたら、連絡してもらう仕組みを設けるなど、住民を巻き込んで高齢者の見守り活動を行うケースが増えています。

Q13

親が亡くなって、相続した実家は久しく空き家状態です。防災面で心配ですが、どういう選択肢がありますか。

A

総務省の「平成25年住宅・土地統計調査」によると、日本の空き家数は820万戸と、5年前に比べ63万戸（8・3％）増加、総住宅数に占める空き家率は、13・5％と0・4ポイント上昇し、過去最高。深刻な状況です。

空き家対策の選択肢は売却して換金するか、人に貸すか、解体処分するかの3つですが、多くの空き家は何の対策をしていないのが現状。放置された空き家は318万戸にも及びます。家の価値は年月が経過するにつれて価値が下がっていくし、管理に相応の時間や手間、費用を要するため、早めの決断、即行動が重要です。

ただし家の売却は需給との関係で決まります。少子化や人口減少が進む昨今、条件がいい物件でなければ、簡単に売却したり、賃貸として活用できないのも事実です。

そこで、解体するという選択肢が浮かび上がってくるわけですが、解体して更地にすると、固定資産税の納付額がそれまでの6倍（土地が200㎡までのケース）

に跳ね上がってしまいます。土地を住宅用地として活用することによって、固定資産税が安くなるという特例が、更地にしたとたん、適用されなくなるからです。

ただ空き家のままの場合、ご近所から火災になったら困る、空き巣が怖いなどと指摘されることがあります。お金を取るか、安全面のリスクを取るか、頭を悩ませるところです。

いずれにせよ、不動産は使われなければ価値を生まないばかりか、持っているだけで税金（固定資産税）がかかりますから、税と不動産関連に詳しい専門家に相談することをお勧めします。

Q14

夫婦共働きのため、自分で片づけをするのはたいへんです。プロの手を借りようと思いますが、業者に依頼する際の注意点を教えてください。

A

高齢化社会の進展にともなって遺品整理業界は急速に成長し、新規参入が相次いでいます。『産経新聞全国版』（平成26年10月12日付）によると、遺品整理業者は全国に約9000社もあると言われています。

私も取材を受けた産経新聞の記事でも取り上げられましたが、遺品整理をめぐって、業者が断りもなく貴重品を回収したり、大幅な追加料金を請求されたりといったトラブルも多発しています。こういう悪徳業者は問題外ですが、サービスの内容や、対応のレベルも、各社によってまちまちというのが現状です。

トラブル回避はもちろんのこと、気持ちよく遺品整理を進めるためにも、業者の選定は重要です。

遺品整理業者でもっとも顕著に表れるのは従業員のレベルです。作業当日に打ち合わせ時に気づかなかった遺品が出てきた場合、習熟した作業員は、ご遺族に廃棄するかどうかを確認しますが、質の低い作業員は何も考えずに廃棄してしまいます。

逆に、逐一確認をしていたら作業が遅くなり、ご遺族の方に迷惑をかけてしまいます。個々の遺品への判断は、誰もが簡単に判断できるように思いますが、実際はそうでもないのです。

時計、指輪など、金銭的な価値を持つものは、誰でも判断できますが、ご遺族は必ずしも金銭的な価値だけで判断しません。ちょっとした肉筆のメモ書きが思い出につながっている。そんなことも多いものです。

このように残すべき遺品を的確にご遺族に確認できるかどうかが作業員の質になります。

また、事後トラブルを避けるため、近隣住民の方への配慮が引越し以上に重要です。そうした配慮や対応ができる業者を選ぶ必要があります。

では、そうした従業員を抱えた優良事業者を見極めるポイントは何でしょうか。

ひとつの判断基準は、営業年数です。長く遺品整理を行っている業者であれば、一定の信頼があると考えられます。

また、現場を見ないで、見積もりを出す業者は要注意です。そうした業者は当日の作業を見積時間に合わせて行うので、作業が荒くなる危険があります。作業スピードを優先するばかりに、「残して欲しいと依頼した遺品が誤って廃棄されてしまった」「遺品整理当日、作業員に注意したいことがあっても話しづらかった」という話もよく聞きます。

また、下見に来た業者には、遺品に対しての思いを伝えてみましょう。遺族の思いを汲むことができる業者であれば、丁寧に話を聞いてくれるはずです。逆に、生返事を返したり「ハイ、ハイ、ハイ」と軽い返事をするようであれば、避けたほうが無難です。遺品を扱うというよりも、不用品の処分と考えている業者には質の高い仕事を期待できません。

また、遺品に対する思いだけでなく、業者が下見するときには、どんな細かい要望でもいいので、積極的に伝えましょう。

「作業当日にマンションの理事会があるので、あまり目立たないでほしい」

「遺品として残したい写真があるはずなので、作業のときに見つかったら残しておいて欲しい」

「実家から離れて住んでいるので、どうしても夜の飛行機で自宅に戻りたい…」

あなたの要望に、どれだけ真剣な態度を示すかで業者の姿勢が分かります。

また、下見は業者の経験度を測る貴重な機会でもあります。

例えば、次のような質問をしてみてください。

「賃貸物件で、退去の清掃が必要なのかどうか?」

「壁紙、畳などの原状回復はどこまでが必要なのか?」
「公団入居時に備えつけの備品であるため、廃棄できない物はあるのか?」
経験度が高い業者は、丁寧に答えてくれる一方で、経験度が低ければ、答えはあいまいなものになるでしょう。

優良業者を選ぶにあたっては、見積もりも重要な評価項目になります。
複数の業者から見積もりを取って、安いところにお願いするのが一般的でしょうが、先に紹介したように、安い見積もりを出して、後から追加費用を請求する業者が少なからずあります。

故意に追加料金を請求する場合もあるでしょうが、経験不足から作業内容を誤って見積もる場合も少なくありません。こうした価格でのトラブルを避けるには、料金と費用の算出方法を理解し、どのような場合に追加料金が発生するのかを知っておくことも重要です。

見積もりの根拠もあらかじめ詳しく聞きましょう。経験度が高く、作業にも通じた業者なら、詳しく説明してくれるでしょう。

見積もりの責任者印はかならずチェックしてください。見積もり後の希望を伝える場合やクレームの処理でも責任者印が押してある場合とない場合では、対応に違いが出ます。

最後に、下見に来た人が当日立ち会うのかどうかも、トラブル回避の重要な要素になります。

作業の立地、トラックの駐車場、荷物の量と種類、こういった諸条件は現場を下見した人間が一番把握しています。

下見をした人間は、費用に関して責任を持っていますから、その担当者が、当日に現場に来るのかどうかを確認するとともに、もし来ない場合には、しっかりと作業員に連絡が行き届くよう、対応をお願いしましょう。

今後は民間資格なども増えると思いますが、あくまで見積りに来た人を見て判断することが大切です。

Column
5

書類の仕分けは丁寧に

親世代は、書類を丁寧に残しておくケースが少なくありません。なかには10年前の請求書やレシートなどを取っておく人も。

そんなモノが視界に入ってくると、

「どうせ重要なものはないだろう」

と、一切合財捨ててしまいたくもなりますが、それは厳禁。

意外と預金通帳や土地の権利書などが紛れている場合もあります。

だからこそ、一度段ボールに入れて、丁寧に仕分けていってください。

そして、最終的に貴重品は、1カ所にまとめて管理しましょう。

「災害などがあったときに、持って逃げることができるように」

そう、親に納得してもらうのもひとつの方法です。

おわりに

「これほどのモノを片づけることになるなんて」

「形見分けで、何を持ち帰ったらいいのか分からない」

先日、実家の遺品整理を依頼いただいた40代姉妹の方の言葉です。

彼女たちは膨大な遺品を前にして、戸惑いを隠しきれなかったようです。

そして片づけが終わった後には、

「これを全部捨てなければいけないのか」

と親の証を消すことに、たいへん申し訳ない気持ちを抱いたと言います。

私も27年前に実家の遺品整理をしましたから、その気持ちがよくわかります。

このような依頼を受けたとき、そして遺品を見るたびに思うことがあります。

親は、子どもとのコミュニケーションを待っていたのではないかと。

私はこの仕事を通して、親が生きているうちに実家の片づけをできていた方が、できなかった方に比べて、気持ちの負担が軽いことを幾度も目にしています。

そのためには、本書で繰り返し述べたように「親と子の絆」が大切です。親の価値観を認め、親に寄り添って進める「片づけ」です。一方、それができなければ、多くの困難が待ち受けることになります。

また、最近は「終活」という言葉も普及しています。本来、残された人のために行うもののはずが、親子のコミュニケーション不足によって、結果、子どもに負担を残すケースも散見されます。

私が管理する下記サイトでも、数多くの遺族の声を聞いた視点から、「終活」について解説していますので、関心を持たれた方は、ぜひご覧ください。

【埼玉県終活コンシェルジュ倶楽部】http:// 終活埼玉県 .com/

実家の片づけは、親と正面から「向き合う」ことから始まります。真剣に向き合うことで、一緒に暮らしていたころとは違う親の考え方、価値観、親の暮らしぶりの変化などにも気がつくはずです。

本書が、そのきっかけになることを切に望んでいます。

内藤　久

● 私の大切なもの、引き継いでほしいもの

品物	誰に	どうしてほしい

● 伝えておきたいこと（介護、葬儀、お墓のことなど）

内藤式エンディングノート❶

● 私のプロフィール

<table>
<tr><td>名前</td><td colspan="2">生年月日
年　月　日生</td><td>血液型</td></tr>
<tr><td colspan="4">住所
〒</td></tr>
<tr><td colspan="2">電話</td><td colspan="2">メールアドレス</td></tr>
<tr><td colspan="2">FAX</td><td colspan="2">備考</td></tr>
</table>

● 私の履歴

○ 学生時代

元号	年	月	履歴

○ 社会人時代

元号	年	月	履歴

○ 家族との出来事

元号	年	月	履歴

名前	生年月日 年　月　日生	関係
住所 〒		緊急時の連絡 する　しない
電話	メールアドレス	
FAX	備考	

名前	生年月日 年　月　日生	関係
住所 〒		緊急時の連絡 する　しない
電話	メールアドレス	
FAX	備考	

名前	生年月日 年　月　日生	関係
住所 〒		緊急時の連絡 する　しない
電話	メールアドレス	
FAX	備考	

内藤式エンディングノート❷

● 親戚・知人の住所録

名前	生年月日 年　月　日生	関係	
住所 〒		緊急時の連絡	
		する	しない
電話	メールアドレス		
FAX	備考		

名前	生年月日 年　月　日生	関係	
住所 〒		緊急時の連絡	
		する	しない
電話	メールアドレス		
FAX	備考		

名前	生年月日 年　月　日生	関係	
住所 〒		緊急時の連絡	
		する	しない
電話	メールアドレス		
FAX	備考		

● 私の負債

○ 借入金・ローンなど

借入先	借入額	毎月の返済	完済日	備考

○ クレジットカードなど

カード名	カード番号	連絡先	備考

● 私の保険（生命保険・年金保険・損害保険・火災保険など）

保険名	保険会社名	保険金受取人	備考

● 伝えておきたいこと（介護、葬儀、お墓のことなど）

内藤式エンディングノート❸

● 私の財産

○ 預貯金

金融機関／支店名	預貯金の種類	名義人

○ 株式・公社債など

銘柄	株数	名義人	證券会社名／支店名

○ 不動産（土地・建物）

所在・地番・建物番号	備考

○ その他の財産（貴金属・宝飾品・美術工芸品など）

品名	購入年月日	購入先	購入金額	備考

〈著者紹介〉

内藤久（ないとう・ひさし）

さいたま市で遺品整理業を営む「遺品整理の埼玉中央」代表
1960年生まれ、東京都出身。パシフィック州立大学（ロサンゼルス）短期課程卒業。京王プラザホテル、シェラトングランデトーキョーベイホテルを経て、2000年にハウスクリーニング業を開業後、自ら実家の遺品整理の経験をしたことから、2005年より遺品整理の事業を本格的にスタート。作業累計1500件以上。数多くの現場で培った経験、遺族の声をもとに、親に寄りそうことの大切さ、残される人たちに迷惑をかけない引き継ぎ方などの講演活動を行う「埼玉県終活コンシェルジュ倶楽部」の代表も務めている。

【遺品整理の埼玉中央】
http://www.ihinshori.com/
【埼玉県終活コンシェルジュ倶楽部】
http:// 終活埼玉県 .com/

親が死んだとき後悔する人、しない人の実家の片づけ

2015年 3月10日　初版第1刷発行

著者　内藤　久
発行人　佐藤有美
編集人　渡部　周

ISBN978-4-7667-8590-6

発行所　株式会社　経済界
〒105-0001　東京都港区虎ノ門1-17-1
出版局　出版編集部☎03（3503）1213
出版営業部☎03（3503）1212
振替 00130-8-160266
http://www.keizaikai.co.jp

印刷　㈱光邦

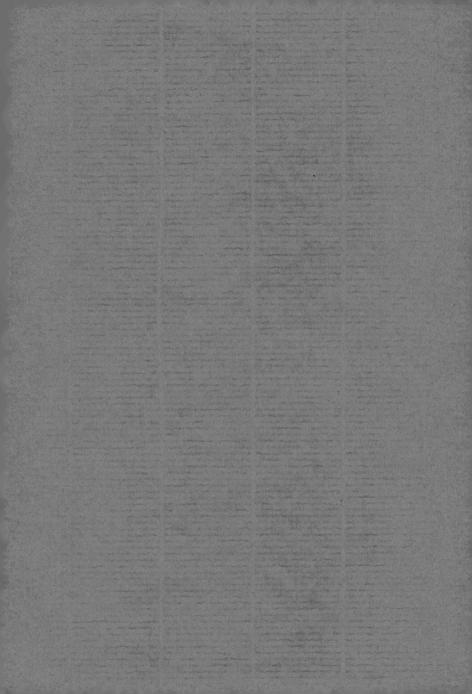